Google-Revolution:

Larry Page und Sergey Brin Biografie

Innovatoren, die die Welt mit Technologie beeinflusst haben

Gavin Sabot

Inhalt

Kapitel 1: Die frühen Jahre 5

    Vom Jugendinteresse zur tief verwurzelten Energie 8

Kapitel 2: Aufeinandertreffen in Stanford 10

    Die Einführung einer einzigartigen Organisation 15

Kapitel 3: Die Anfänge von Google 17

    Vom Explorationsunternehmen zum fortschrittlichen Denken 25

Kapitel 4: Erstellen eines Websuchtools 27

    Die verirrten Teile von Googles Berechnung.59

Kapitel 5: Die primäre Spekulation 61

    Subventionen erhalten und Nachhilfelehrer aufspüren 70

Kapitel 6: Sich der Welt öffnen 73

    Googles Börsengang und der Beginn einer anderen Zeit: Larry Page und Sergey Brins Wette 79

Kapitel 7: Wachsende Skylines 81

    Erweiterung und Einführung von Buchstaben in Order Inc.: Larry Page und Sergey Brins aggressiver Schachzug 87

Kapitel 8: Erkundung der Debatte 89

Sicherheitsprobleme, Kartellstreitigkeiten und moralische Probleme 97

Kapitel 9: Fortschritt nach der Jagd 100

Googles Moonshots: Von selbstfahrenden Fahrzeugen zu simulierter Intelligenz 106

Kapitel 10: Wohltätigkeit und soziale Wirkung 110

Mit Fülle und Wirkung für weltweites Großes 117

Kapitel 11: Verwaltungsstile 120

Visionäre im Sitzungssaal: Page vs. Brin 129

Kapitel 12: Google-Kultur 131

Von offenen Arbeitsplätzen zu OKRs: Schaffung eines kreativen Klimas 137

Kapitel 13: Übernahmen und Vereinigung 140

Strategische Schritte: YouTube, Android und mehr 145

Kapitel 14: Persönliche Leben 148

Anpassung von Arbeit, Familie und individuellen Interessen 153

Kapitel 15: Die Macht der Information 156

Riesige Informationen, KI und das Schicksal der Innovation 162

Kapitel 16: Schwierigkeiten und Enttäuschungen 165

Sich mit Unglück auseinandersetzen und aus Fehltritten Nutzen ziehen 169

Kapitel 17: Der weltweite Effekt 172

Googles Wirkung auf der Weltbühne 176

Kapitel 18: Die Entwicklung der Suche 179

Vom PageRank zur künstlichen Intelligenz: Der kontinuierliche Weg zu besseren Ergebnissen 187

Kapitel 19: Vision für das, was kommt 190

Was kommt als nächstes für Google, Buchstaben in der richtigen Reihenfolge und noch mehr 194

Kapitel 20: Reflexionen und Vermächtnisse 198

Zurückdenken und weitermachen 202

Kapitel 1: Die frühen Jahre

Die ersten Leben von Larry Page und Sergey Brin zeichneten sich durch ein unersättliches Interesse und eine solide Grundlage für wissenschaftliche und wissenschaftliche Aktivitäten aus. Beide wurden auf natürliche Weise in Familien eingeführt, die Bildung und Entwicklung schätzten, was eine entscheidende Rolle bei der Gestaltung ihrer zukünftigen Wege spielte. Larry Page: Eine Tradition der Entwicklung Larry Page wurde 1973 auf Walk 26 in East Lansing, Michigan, zur Welt gebracht. Sein Vater, Carl Victor Page Sr., war ein Pionier in der Softwareentwicklung, und seine Mutter Gloria war Dozentin für PC-Programmierung. Larrys Haus war vollgestopft mit PCs und logischen Zeitschriften, was ihm schon früh einen Innovationsvorsprung verschaffte. Larrys Kindheit war geprägt von seinem Interesse an Maschinen und ihrer Funktionsweise. Er beschäftigte sich stundenlang mit verschiedenen Geräten und zerlegte sie häufig, um ihre internen Aktivitäten herauszufinden. Dieser aktive Umgang mit dem Lernen bereitete ihn auf seine zukünftigen Unternehmungen in Innovation und Design vor. Sergey Brin: Eine Gruppe von Scholastikern Sergey Brin wurde am 21. August 1973 in Moskau, Russland, zur Welt gebracht.

Seine Familie wanderte 1979 in die USA aus, um dem antisemitischen Klima der Sowjetvereinigung zu entkommen. Sergeys Eltern, Michael und Eugenia Brin, waren die beiden Scholastiker; Sein Vater war Mathematiklehrer und seine Mutter arbeitete als Wissenschaftlerin bei der NASA. Die Familie Brin war geistig belebend und hatte einen starken Schwerpunkt auf Mathematik und Naturwissenschaften. Sergey zeigte schon früh seine Fähigkeit zum Rechnen und begann seine eigentliche Schulausbildung in den USA, wo er sofort Erfolg hatte. Seine Eltern belebten seine schulischen Interessen und kultivierten eine tiefe Liebe zum Lernen und zur Offenbarung. Gleiche Wege Unabhängig von ihren unterschiedlichen Wurzeln hatten Larry und Sergey einige Schlüsselmerkmale gemeinsam, die sie letztendlich vereinen würden: Begeisterung für Innovation, unersättliches Interesse und der Drang, komplexe Probleme anzugehen. Ihre frühen Phasen verbrachten sie damit, die Grenzen ihrer einzelnen Fachgebiete zu erforschen und auszuloten, was den Weg für ihre weltbewegende gemeinsame Anstrengung am Stanford College ebnete. Entwicklungsbegegnungen Die ersten Begegnungen von Larry und Sergey spielten eine große Rolle bei der Gestaltung ihrer kreativen

Überlegungen. Larrys Interesse an Computerisierung und Produktivität ließ ihn davon träumen, eine tadellos koordinierte Welt zu schaffen, während Sergeys wissenschaftlicher Verstand und seine Liebe zur Informationsprüfung ihn dazu brachten, nach besseren Ansätzen für den Umgang mit Daten zu suchen. Der Keim eines Gedankens Als Larry und Sergey sich 1995 in Stanford trafen, waren sie beide auf der Suche nach einem Doktortitel in Software-Engineering, beide mit außergewöhnlichen Fähigkeiten und einer gemeinsamen Vision für das zukünftige Schicksal der Datenwiederherstellung. Ihre ersten Jahre hatten sie mit den nötigen Informationen, Vorstellungskraft und Selbstvertrauen ausgestattet, um sich auf eine Reise zu begeben, die die Art und Weise, wie die Welt an Daten herankommt, verändern würde. Fazit Die frühen langen Perioden von Larry Page und Sergey Brin bereiteten ihre erstaunlichen Leistungen vor. Mit soliden familiären Einflüssen, einem ausgeprägten Enthusiasmus für Innovationen und einem unermüdlichen Interesse würden sie zwangsläufig einen gewaltigen Einfluss auf die Welt haben. In diesem frühen Stadium wurde der Grundstein für ihre künftigen Erfolge gelegt und sie trieben sie dazu, die vielleicht mächtigste Organisation aller Zeiten zu gründen: Google.

Vom Jugendinteresse zur tief verwurzelten Energie

Frühes Leben und Interesse Larry Page: Förderte schon sehr früh sein Interesse an PCs und Innovationen. Konstruierte seinen PC aus Ersatzteilen. Sergey Brin: Erlebte Kindheit in einer Familie, die von Mathematik und Naturwissenschaften geprägt ist. Hatte ein charakteristisches Interesse am Planeten und daran, wie die Dinge funktionieren. Gemeinsame Begeisterung für Daten Sowohl Page als auch Brin besuchten das Stanford College, wo sie sich trafen und ihr gemeinsames Interesse an Daten und deren Zusammenhang entdeckten. Sie begannen, Ideen für eine andere Art von Webindex zu untersuchen, der mit der riesigen Menge an Daten umgehen könnte, die im Internet verfügbar sind. Von der Erkundungsaufgabe zur weltweiten Besonderheit Ihr zugrunde liegendes Projekt, BackRub, soll die Backlinks von Websites aufschlüsseln, um deren Bedeutung zu bestimmen. BackRub entwickelte sich schließlich zu Google, benannt nach dem numerischen Begriff „googol", der die Zahl 1 gefolgt von 100 Nullen anspricht und die riesige Datenmenge darstellt, die der Webindex sortieren wollte. Langanhaltende Energie für die Entwicklung Der

Wohlstand von Google ist zu einem großen Teil der Energie von Page und Brin für die Entwicklung und ihrer Verpflichtung zu verdanken, ein Websuchtool zu entwickeln, das Kunden produktiv mit den von ihnen benötigten Daten verbinden kann. Seitdem haben sie ihre Hauptjobs bei Google aufgegeben, ihre Entwicklungstradition wirkt sich jedoch weiterhin auf die Organisation und das Technologiegeschäft im Allgemeinen aus.

Kapitel 2: Aufeinandertreffen in Stanford

Die Einführung einer leistungsstarken Organisation Der Bericht von Google beginnt mit der zufälligen Begegnung zweier großartiger Persönlichkeiten am Stanford College. Die Wege von Larry Page und Sergey Brin trafen sich an einem Ort, der dafür bekannt ist, Entwicklung und Geschäftsvorhaben zu fördern und den Weg für die Produktion eines Innovationsmonsters zu ebnen. Die Landung in Stanford Im Jahr 1995 erschien Larry Page am Stanford College, um einen Doktortitel in Softwaretechnik anzustreben. Direkt nach seinem Abschluss am College of Michigan, wo er ein vierjähriges Zertifikat für wissenschaftliche Studien im PC-Design erworben hatte, wollte Larry unbedingt tiefer in die Welt der Innovation eintauchen. Seine wissenschaftlichen Kompetenzen lagen in den Bereichen Web-Suchtools und Information Mining, angetrieben von seiner Vision, die riesigen Datenmengen, die im Internet verfügbar sind, zu koordinieren. Sergey Brin, der seit etwa 1993 an der Stanford University war, war ebenfalls Doktorand im Bereich Software Engineering. Zu seinen Prüfungsvorteilen gehörte das Information Mining, ein Bereich, der Larrys Konzentration hervorragend ergänzte.

Sergey hatte sich proaktiv einen Namen als außergewöhnlicher Zweitstudent mit einem ausgeprägten logischen Gehirn und der Fähigkeit gemacht, erfinderische Antworten auf komplexe Probleme zu finden. Eine entscheidende Erfahrung Larry und Sergey trafen sich zum ersten Mal während der Leitung eines Studienplatzes für neue Studenten. Ihre zugrunde liegenden Verbindungen zeichneten sich durch lebhafte Diskussionen und wissenschaftliche Konflikte aus, da beide überzeugende Gefühle und unterschiedliche Möglichkeiten hatten, mit kritischem Denken umzugehen. Trotz ihrer Unterschiede, oder vielleicht gerade deshalb, pflegten sie eine gemeinsame Wertschätzung für den Eifer und die Energie des anderen. Ihre koordinierten Bemühungen begannen glücklicherweise einigermaßen. Larry beschäftigte sich mit einem Unternehmen namens BackRub, das darauf abzielte, die Verbindungskonstruktion des Webs zu analysieren, um die Ergebnisse von Websuchtools weiterzuentwickeln. Sergey war von der Idee fasziniert und begleitete Larry bei seiner Untersuchung. Sie erkannten sofort, dass ihre gebündelten Fähigkeiten und Informationen zu historischen Fortschritten bei der Suchinnovation führen könnten. Die Einführung von BackRub BackRub war der Ausgangspunkt für die Forschung und befasste sich mit der denkwürdigsten großen gemeinsamen Anstrengung des Paares. Die Aufgabe konzentrierte sich auf die Positionierung der Website-Seiten im Hinblick auf die Anzahl und Art der sie hervorhebenden Verbindungen, eine Technik, die zu diesem Zeitpunkt neu war. Diese Methode, die später als PageRank bekannt wurde, war fortschrittlich, da sie sich auf die Relevanz von Website-Seiten angesichts ihrer Vernetzung konzentrierte und nicht nur auf die bloße Wiederholung von Schlagworten. Der Fortschritt von BackRub im Schulbezirk Stanford war schnell. Das Unternehmen erntete Anerkennung für seine kreative Methodik und seine Durchführbarkeit bei der Bereitstellung wichtiger Fragen. Larry und Sergey arbeiteten einige Zeit später zielstrebig daran, ihre Berechnungen zu verfeinern und ihren Datensatz zu erweitern. Eine sich entwickelnde Organisation Mit fortschreitender Prüfung wurden Larry und Sergey unzertrennliche Komplizen. Sie ergänzten sich tadellos:Larry war der Visionär, der ständig nach Möglichkeiten suchte, die Grenzen des Vorstellbaren zu erweitern, während Sergey der Realist war, der dafür sorgte, dass ihre Gedanken auf gründlichen Untersuchungen und Informationen basierten. Ihre Organisation basierte auf Vertrauen und gemeinsamer Wertschätzung. Sie testeten die Gedanken des anderen und drängten sich gegenseitig zu grundlegendem und erfinderischem Denken. Diese einzigartige gemeinsame Anstrengung ermöglichte ihnen eine schnelle und erfolgreiche Weiterentwicklung und machte den Weg für die Produktion von Google frei. Frühe Schwierigkeiten überwinden Der Beginn ihrer Organisation verlief nicht ohne Herausforderungen. Sie stießen auf das Misstrauen einiger in der schulischen Umgebung, die die Möglichkeit ihrer Methodik in Frage stellten. Auch die Subventionierung stellte ein großes Hindernis dar, da sie darum kämpften, finanzielle Unterstützung für ihre Erkundung zu bekommen. Trotz dieser Hindernisse blieben Larry und Sergey unbeeindruckt, angetrieben von ihrem Vertrauen in die Leistungsfähigkeit ihrer Arbeit. Die Entscheidung, Google zu verdrängen Bis 1997 könnte BackRub offensichtlich die Websuche reformieren. Larry und Sergey beschlossen, ihre wissenschaftliche Aufgabe in einen unbestreitbaren Webindex umzuwandeln. Sie benannten es in „Google" um, eine Anspielung auf den numerischen Begriff „googol", der sich auf die Zahl 1 gefolgt von 100 Nullen bezieht. Dieser Name spiegelte ihr Hauptziel wider, die unbegrenzte Menge an

Daten im Internet zu organisieren. Fazit: Das Treffen von Larry Page und Sergey Brin am Stanford College war ein entscheidender Scheideweg in der gesamten Geschichte der Innovation. Ihre Zusammenarbeit, die aus gemeinsamer Wertschätzung und einer gemeinsamen Vision entstand, führte zur Gründung von Google, einer Organisation, die später die Welt beeinflussen sollte. Die frühen Schwierigkeiten, mit denen sie konfrontiert waren, stärkten nur ihre Entschlossenheit und Organisation und bereiteten sie auf ihre zukünftigen Erfolge vor.", der die Zahl 1 gefolgt von 100 Nullen anspricht. Dieser Name spiegelte ihr Hauptziel wider, die unbegrenzte Menge an Daten im Internet zu organisieren. Fazit Das Treffen von Larry Page und Sergey Brin am Stanford College war ein wichtiger Scheideweg in der gesamten Geschichte der Innovation Ihre aus gemeinsamer Wertschätzung und einer gemeinsamen Vision entstandene Zusammenarbeit führte zur Gründung von Google, einer Organisation, die die Welt beeinflussen sollte. Die anfänglichen Schwierigkeiten, mit denen sie konfrontiert waren, stärkten nur ihre Entschlossenheit und Organisation und bereiteten sie auf ihre zukünftigen Erfolge vor.", der die Zahl 1 gefolgt von 100 Nullen anspricht. Dieser Name spiegelte ihr Hauptziel wider, die unbegrenzte Menge an Daten im Internet zu organisieren. Fazit Das Treffen von Larry Page und Sergey Brin am Stanford College war ein wichtiger Scheideweg in der gesamten Geschichte der Innovation Ihre aus gemeinsamer Wertschätzung und einer gemeinsamen Vision entstandene Zusammenarbeit führte zur Gründung von Google, einer Organisation, die die Welt beeinflussen sollte. Die anfänglichen Schwierigkeiten, mit denen sie konfrontiert waren, stärkten nur ihre Entschlossenheit und Organisation und bereiteten sie auf ihre zukünftigen Erfolge vor.

Die Einführung einer einzigartigen Organisation

Larry Page (gezeugt am 26. August 1973 als Lawrence Edward Page) und Sergey Brin (gezeugt am 21. August 1973 als Sergey Mikhaylovich Brin) sind PC-Forscher und Geschäftsvisionäre, die zur Gründung von Google LLC beigetragen haben, das allgemein als der berühmteste Webindex der Welt gilt. Page und Brin lernten sich 1995 am Stanford College kennen und untermauerten ihre gemeinsamen Vorteile im Bereich PCs und Internet. Es dauerte nicht lange, bis wir gemeinsam an einem Forschungsprojekt arbeiteten, bei dem es darum ging, einen besseren Ansatz für das Ranking von Websites im Hinblick auf ihre Verbindungen zu anderen Websites zu entwickeln. Diese Aufgabe war schließlich der Auslöser für die Entwicklung von Google, das 1998 auf den Weg gebracht wurde. Google erlangte aufgrund seiner einfachen und überzeugenden Suchstrategie sofort Popularität. Seitdem hat sich das Unternehmen zu einem weltweiten Technologiemonster entwickelt und bietet eine Vielzahl von Produkten und Diensten für die Suche an, darunter Gmail, YouTube und Android. Page und Brin haben beide ihren Chefposten bei Google aufgegeben, bleiben dem Unternehmen aber weiterhin als Berater verbunden. Sie sind auch die beiden Spender und haben Milliarden von Dollar gespendet, um die Forschung und andere Zwecke zu unterstützen.

Kapitel 3: Die Anfänge von Google

Vom Forschungsprojekt zum fortschrittlichen Denken Der Übergang von einem Prüfungsprojekt in den Software-Engineering-Laboren von Stanford zur Gründung von Google markierte den Beginn eines mechanischen Umbruchs. Der erfinderische Umgang von Larry Page und Sergey Brin mit Suchinnovationen würde die Art und Weise, wie Einzelpersonen an Daten im Internet gelangen, immer verändern. Von BackRub zur Forschung BackRub, das von Larry Page und Sergey Brin in Stanford ins Leben gerufene Prüfungsprojekt, war von entscheidender Bedeutung für den Umgang mit der Websuche. Mithilfe der PageRank-Berechnung untersuchte BackRub den Verbindungsaufbau des Webs, um die Bedeutung von Website-Seiten zu bestimmen. Diese Strategie ergab im Vergleich zu herkömmlichen Webcrawlern, die hauptsächlich auf der Koordinierung von Schlagworten beruhen, aussagekräftigere Abfrageelemente. Im Jahr 1997 erkannten Larry und Sergey, dass ihre Forschung über den wissenschaftlichen Bereich hinausgehen könnte. Sie beschlossen, BackRub in einen unbestreitbaren Webindex umzuwandeln, der von der gesamten Bevölkerung genutzt werden konnte. Diese Wahl markierte den

Beginn von Google. Benennen, was kommt Der Name „Google" wurde durch den numerischen Begriff „googol" belebt, der die Zahl 1 gefolgt von 100 Nullen bedeutet. Dieser Name spiegelte das Hauptziel von Larry und Sergey wider, die riesige Menge an im Internet zugänglichen Daten zu koordinieren und sie allgemein offen und hilfreich zu machen. Die Einführung des Space-Namens „google.com" am 15. September 1997 war ein wesentlicher Schritt hin zur Präsenz im Internet. Mit einem anderen Namen und einer ehrgeizigen Vision machten sich Larry und Sergey daran, einen Webcrawler zu entwickeln, der die Art und Weise, wie Einzelpersonen Daten im Web finden, neu überdenken würde. Der Aufbau der Stiftung Der Übergang von einem wissenschaftlichen Unternehmen zu einem Geschäftsobjekt erforderte große Veränderungen. Larry und Sergey erwarteten, einen starken Rahmen zu schaffen, um mit der wachsenden Anzahl von Seiten und Kundenfragen umzugehen. Sie konzentrierten sich darauf, ein vielseitiges Framework zu entwickeln, das Milliarden von Seiten effektiv durchblättern, archivieren und ordnen konnte. Um dies zu erreichen, nutzten sie Standardausrüstung und entwickelten ihr Produkt weiter, um die Ausführung zu steigern. Ihre einfallsreiche Nutzung minimaler Kosten und die hervorragende Ausführung der Registrierung von Vermögenswerten ermöglichten es ihnen, viele Informationen zu überwachen, ohne dass ein enormer Aufwand für die Ausrüstung erforderlich war. Auf der Suche nach Hilfe und Finanzierung Ungeachtet der Leistungsfähigkeit ihres Webcrawlers hatten Larry und Sergey Schwierigkeiten, Subventionen zu erhalten. Zahlreiche Geldgeber hatten ein oder zwei ernsthafte Bedenken hinsichtlich der Realisierbarkeit ihres Vorhabens und seiner Fähigkeit, mit aufwendigen Websuchtools wie „Hurra!" zurechtzukommen. außerdem AltaVista. Ihr Aufstieg erfolgte 1998, als sie Andy Bechtolsheim trafen, einen Mitgönner von Sun Microsystems. Bechtolsheim war von ihrer Demo fasziniert und überreichte ihnen einen Scheck über 100.000 US-Dollar, noch bevor Google offiziell konsolidiert wurde. Diese zugrunde liegende Subventionierung gab der von ihnen erwarteten Kraft, Google Inc. offiziell zu präsentieren. am 4. September 1998.Das Carport-Startup Mit der Konsolidierung von Google verlagerten Larry und Sergey ihre Aufgaben von den PC-Laboren in Stanford in den Carport eines Partners in Menlo Park, Kalifornien. Dieser bescheidene Anfang ist heute in der Legende des Silicon Valley erstaunlich und repräsentiert den Unternehmergeist und die

Entwicklung, die den Bezirk charakterisieren. Im Carport verfeinerten sie weiterhin ihren Webcrawler, arbeiteten an ihren Berechnungen und erweiterten ihr Fundament. Die erste Version von Google wurde im September 1998 der Öffentlichkeit zugänglich gemacht und erlangte sofort den Ruf, schnellere und präzisere Suchanfragen als seine Konkurrenten zu übermitteln. Die wichtigsten Vertreter und Berater Als sich Google entwickelte, begannen Larry und Sergey, eine Gruppe erfahrener Designer und Berater aufzubauen, die ihre Vision teilten. Craig Silverstein, ein einzelner Stanford-Student, wurde zum denkwürdigsten Vertreter von Google. Auf lange Sicht zogen sie andere großartige Persönlichkeiten an sich, darunter Eric Schmidt, der später Präsident werden könnte, und frühe Geldgeber und Wegweiser wie Jeff Bezos, Slam Shriram und David Cheriton. Entwicklung und Erweiterung Die schnelle Entwicklung des Kundenstamms von Google bestärkte Larry und Sergey in ihrem Vertrauen in die Leistungsfähigkeit ihres Webcrawlers. Bis 1999 bearbeitete Google täglich über 500.000 Fragen. Diese dramatische Entwicklung erforderte weiteres Interesse an Framework und HR. Um diese Erweiterung zu ermöglichen, verlegte Google seine Zentrale nach 2400 Bayshore Turnpike in Mountain View,

Kalifornien, einem Bereich, der sich letztendlich als wichtig für den bemerkenswerten Googleplex erweisen sollte. Mit zusätzlichem Platz und zusätzlichem Vermögen konnten Larry und Sergey das Geschäft weiter ausbauen, neue Highlights hervorbringen und den Quest-Einblick für Kunden auf der ganzen Welt weiterentwickeln. Fazit Die Anfänge von Google zeichneten sich durch eine Mischung aus einfallsreichem Denken, wichtigen Entscheidungen und hartnäckiger harter Arbeit aus. Von der Grundidee von BackRub bis zum offiziellen Abschied von Google zeigten Larry Page und Sergey Brin ihre Fähigkeit, ein Explorationsprojekt in eine fortschrittliche Innovation zu verwandeln. Ihr Ausflug von einem Stanford-Labor zu einem Carport-Startup legte den Grundstein für die wahrscheinlich überzeugendste Organisation aller Zeiten und ebnete den Weg für das Schicksal der Suche und Datenwiederherstellung.Larry und Sergey begannen, eine Gruppe erfahrener Designer und Berater aufzubauen, die ihre Vision teilten. Craig Silverstein, ein einzelner Stanford-Student, wurde zum denkwürdigsten Vertreter von Google. Auf lange Sicht zogen sie andere großartige Persönlichkeiten an sich, darunter Eric Schmidt, der später Präsident werden könnte, und frühe Geldgeber und Wegweiser wie

Jeff Bezos, Slam Shriram und David Cheriton. Entwicklung und Erweiterung Die schnelle Entwicklung des Kundenstamms von Google bestärkte Larry und Sergey in ihrem Vertrauen in die Leistungsfähigkeit ihres Webcrawlers. Bis 1999 bearbeitete Google täglich über 500.000 Fragen. Diese dramatische Entwicklung erforderte weiteres Interesse an Framework und HR. Um diese Erweiterung zu ermöglichen, verlegte Google seine Zentrale nach 2400 Bayshore Turnpike in Mountain View, Kalifornien, einem Gebiet, das sich letztendlich als wichtig für den bemerkenswerten Googleplex erweisen sollte. Mit zusätzlichem Platz und zusätzlichem Vermögen konnten Larry und Sergey das Geschäft weiter ausbauen, neue Highlights hervorbringen und den Quest-Einblick für Kunden auf der ganzen Welt weiterentwickeln. Fazit Die Anfänge von Google zeichneten sich durch eine Mischung aus einfallsreichem Denken, wichtigen Entscheidungen und hartnäckiger harter Arbeit aus. Von der Grundidee von BackRub bis zum offiziellen Abschied von Google zeigten Larry Page und Sergey Brin ihre Fähigkeit, ein Explorationsprojekt in eine fortschrittliche Innovation zu verwandeln. Ihr Ausflug von einem Stanford-Labor zu einem Carport-Startup legte den Grundstein für die wahrscheinlich überzeugendste Organisation aller Zeiten und ebnete den Weg für das Schicksal der Suche und Datenwiederherstellung. Larry und Sergey begannen, eine Gruppe erfahrener Designer und Berater aufzubauen, die ihre Vision teilten. Craig Silverstein, ein einzelner Stanford-Student, wurde zum denkwürdigsten Vertreter von Google. Auf lange Sicht zogen sie andere großartige Persönlichkeiten an sich, darunter Eric Schmidt, der später Präsident werden könnte, und frühe Geldgeber und Wegweiser wie Jeff Bezos, Slam Shriram und David Cheriton. Entwicklung und Erweiterung Die schnelle Entwicklung des Kundenstamms von Google bestärkte Larry und Sergey in ihrem Vertrauen in die Leistungsfähigkeit ihres Webcrawlers. Bis 1999 bearbeitete Google täglich über 500.000 Fragen. Diese dramatische Entwicklung erforderte weiteres Interesse an Framework und HR. Um diese Erweiterung zu ermöglichen, verlegte Google seine Zentrale nach 2400 Bayshore Turnpike in Mountain View, Kalifornien, einem Gebiet, das sich letztendlich als wichtig für den bemerkenswerten Googleplex erweisen sollte. Mit zusätzlichem Platz und zusätzlichem Vermögen konnten Larry und Sergey das Geschäft weiter ausbauen, neue Highlights hervorbringen und den Quest-Einblick für Kunden auf der ganzen Welt weiterentwickeln. Fazit Die Anfänge von Google zeichneten sich durch eine Mischung aus einfallsreichem Denken, wichtigen Entscheidungen und hartnäckiger harter Arbeit aus. Von der Grundidee von BackRub bis zum offiziellen Abschied von Google zeigten Larry Page und Sergey Brin ihre Fähigkeit, ein Explorationsprojekt in eine fortschrittliche Innovation zu verwandeln. Ihr Ausflug von einem Stanford-Labor zu einem Carport-Startup legte den Grundstein für die wahrscheinlich überzeugendste Organisation aller Zeiten und ebnete den Weg für das Schicksal der Suche und Datenwiederherstellung.Ihr Ausflug von einem Stanford-Labor zu einem Carport-Startup legte den Grundstein für die wahrscheinlich überzeugendste Organisation aller Zeiten und ebnete den Weg für das Schicksal der Suche und Datenwiederherstellung.Ihr Ausflug von einem Stanford-Labor zu einem Carport-Startup legte den Grundstein für die wahrscheinlich überzeugendste Organisation aller Zeiten und ebnete den Weg für das Schicksal der Suche und Datenwiederherstellung.

Vom Explorationsunternehmen zum fortschrittlichen Denken

Der Ausflug von Larry Page und Sergey Brin von einer Erkundungsaufgabe zu einem fortschrittlichen Gedanken ist eine fesselnde Geschichte. Hier ist eine Aufschlüsselung ihres Weges: Die Erkundungsaufgabe: BackRub Im Jahr 1996 begannen Page und Brin als Doktoranden in Stanford, gemeinsam an einer Aufgabe namens BackRub zu arbeiten. Das Ziel von BackRub bestand darin, das Verbindungsdesign des Webs zu analysieren, um die Bedeutung einer Website zu ermitteln. Ihr zentraler Gedanke war, dass eine Website mit einigen guten Verbindungen, die sie hervorheben, als relevanter für eine Jagdfrage angesehen werden sollte. Der fortschrittliche Gedanke: PageRank BackRub führte zur Verbesserung des PageRank, einer cleveren Berechnung, die jeder Website-Seite aufgrund der Qualität und Anzahl der erhaltenen Backlinks einen Wert (PageRank-Score) zuordnete. Dadurch wurden Webcrawler reformiert, da sie einen Abstand von der reinen Schlagwortübereinstimmung schafften, um über die Position und Glaubwürdigkeit einer Website innerhalb der vernetzten Organisation des Webs nachzudenken. Von der Erkundung in die reale

Welt: Die Einführung von Google Das Erkennen der Leistungsfähigkeit von PageRank, Page und Brin verwandelte BackRub in ein Websuchtool namens Google (eine Anspielung auf „googol", ein numerischer Begriff für die Zahl 1 gefolgt von 100 Nullen). . Nach seiner Einführung im Jahr 1998 erlangte Google aufgrund seiner Fähigkeit, im Vergleich zu bestehenden Webcrawlern wichtigere und präzisere Abfrageelemente zu übermitteln, sofort Aufsehen. Der Effekt: Ein Web-Suchtool-Monster Googles einfallsreiche Suchberechnung und benutzerfreundliche Oberfläche störten die Art und Weise, wie Einzelpersonen an Daten im Internet gelangten. Es reformierte die Websuche und machte Google zu einer dominanten Macht im Technologiegeschäft. Früheres Streben: Eine Tradition der Entwicklung Der Wohlstand von Google ermöglichte es Page und Brin, nach noch viel mehr bemerkenswerten Ideen zu suchen, was zur Entwicklung anderer Dienste und Dienste wie Gmail, YouTube und Android führte. Die Geschichte von Page und Brin zeigt, wie ein von Interesse und fortschrittlichem Denken angetriebenes Erkundungsprojekt die Art und Weise verändern kann, wie wir mit Daten und unserer allgemeinen Umgebung kommunizieren.

Kapitel 4: Erstellen eines Websuchtools

Die verirrten Teile von Googles Algorithmus Es war ziemlich schwierig, einen Webcrawler zu entwickeln, der die enorme Verbreitung des Webs produktiv und präzise bewältigen konnte. Der gewichtige Umgang von Larry Page und Sergey Brin mit Suchinnovationen, insbesondere ihre Verbesserung der PageRank-Berechnung, hob Google von seinen Konkurrenten ab und legte den Grundstein für seinen Wohlstand. #### Die Vision für eine bessere Verfolgung Die ganze Zeit über haben sich Larry und Sergey ein Web-Suchtool vorgestellt, das Kunden schnell die wichtigsten und hilfreichsten Daten liefern könnte. Die damals existierenden Web-Indizes waren stark von Schlagwortwiederholungen und Meta-Labels abhängig, was häufig zu unangenehmen und unwesentlichen Ergebnissen führte. Larry und Sergey planten, eine komplexere Strategie zur Positionierung von Seiten zu entwickeln, die die Qualität und Bedeutung des Inhalts berücksichtigt. #### Die PageRank-Berechnung Der Weg in ihre Vision war die PageRank-Berechnung, eine originelle Methode, die das Verbindungsdesign des Webs aufschlüsselte, um die Bedeutung einer Seite zu bestimmen. Der PageRank hängt von der

Möglichkeit ab, dass eine Seite wichtig ist, wenn sie mit mehreren anderen Seiten verknüpft ist, insbesondere wenn diese Seiten selbst wichtig sind. Diese rekursive Logik ermöglichte es PageRank, jeder Seite einen mathematischen Wert zuzuordnen, der ihre Gesamtbedeutung in der riesigen Webumgebung widerspiegelte. Das wesentliche Rezept für PageRank ist:
$$PR(A) = (1 - d) + d \sum_{i=1}^n \frac{PR(T_i)}{C(T_i)}$$
Wobei: - $PR(A)$ ist der PageRank von Seite A. - d ist ein Dämpfungsfaktor, der normalerweise auf 0,85 eingestellt ist. - T_i adressiert die Seiten, die eine Verbindung zu Seite A herstellen. - $C(T_i)$ ist die Anzahl der ausgehenden Verbindungen auf Seite T_i. Diese Berechnung war fortschrittlich, da sie die gesamten Erkenntnisse des Internets nutzte, um sich auf hervorragende Inhalte zu konzentrieren und dabei insgesamt auf die Relevanz indizierter Listen zu achten.

Kriechen und Ordnen

Um einen brauchbaren Webcrawler zu entwickeln, wollten Larry und Sergey eine weitreichende Aufzeichnung des Webs erstellen. Dabei geht es um die Erstellung von Webcrawlern, robotisierten Programmen, die das Web durchsuchen und Seiten herunterladen. Diese Crawler verfolgten Verknüpfungen von einer Seite zur nächsten und deckten dabei systematisch riesige Teile des Webs ab. Als die

Seiten heruntergeladen wurden, sollten sie abgelegt sein. Das Bestellsystem umfasste das Parsen jeder Seite, das Extrahieren wichtiger Daten und deren Aufbewahrung auf eine Weise, die als schnelle Wiederherstellung galt. Larry und Sergey erstellten professionelle Berechnungen, um mit dieser gigantischen Datenmenge umzugehen. Es war stets außergewöhnlich und erschöpfend, die Aufzeichnung sicherzustellen.

Geschwindigkeit und Effektivität

Eines der charakteristischen Highlights von Google war seine Geschwindigkeit. Larry und Sergey erkannten, dass Kunden Wert auf einen schnellen Zugang zu Daten legen, und konzentrierten sich daher darauf, die Präsentation ihres Websuchtools weiterzuentwickeln. Sie erstellten Berechnungen, die Fragen schnell durchlaufen und nur einen vernachlässigbaren Teil einer Sekunde zurückgeben konnten.Um dies zu erreichen, nutzten sie gleiche Handhabungs- und übermittelte Registrierungsmethoden. Durch die Verteilung der Verantwortung auf verschiedene Maschinen könnten sie gleichzeitig eine enorme Anzahl von Fragen bearbeiten. Darüber hinaus führten sie verschiedene Reservierungsinstrumente ein, um oft Informationen zu speichern und so die

Reaktionszeiten weiter zu verbessern. ####
Benutzeroberfläche und Erfahrung Larry und
Sergey haben sich außerdem intensiv mit der
Benutzeroberfläche und im Großen und Ganzen
mit der Kundenerfahrung befasst. Sie
akzeptierten, dass Geradlinigkeit von
entscheidender Bedeutung war, und planten
daher eine makellose und aufgeräumte Zielseite
von Google. Das einfache Design, das nur das
Google-Logo und eine Suchleiste hervorhebt,
unterschied sich deutlich von den überfüllten
Zielseiten anderer Websuchtools. Diese
Geradlinigkeit erstreckte sich auch auf die Seite
mit den indizierten Listen, wo man sich darauf
konzentrierte, die relevantesten Ergebnisse ganz
oben einzuführen. Sie präsentierten auch
Highlights wie Auszüge, die einen kurzen
Einblick in den Inhalt jeder Seite gaben und den
Benutzern dabei halfen, schnell über die
Relevanz der Ergebnisse zu entscheiden. ####
Konsequente Entwicklung Der frühe Erfolg von
Google wurde durch stetige Weiterentwicklung
vorangetrieben. Larry und Sergey waren mit der
Norm immer unzufrieden und suchten
konsequent nach Möglichkeiten, ihren Webindex
weiterzuentwickeln. Sie erkundeten
verschiedene Möglichkeiten für neue
Berechnungen, Elemente und
Benutzeroberflächen mit dem Ziel, die Qualität

und Bedeutung ihrer Abfrageelemente kontinuierlich zu verbessern. Eine ihrer ersten Entwicklungen war die Einführung des „I'm Feeling Fortunate"-Buttons von Google, der Kunden direkt zum obersten Eintrag führte. Diese Komponente unterstreicht ihr Vertrauen in die Genauigkeit ihrer Listenelemente und ihre Verpflichtung, ein konsistentes Kundenerlebnis zu bieten. #### Mit zunehmender Bekanntheit von Google stiegen auch die Anfragen nach seinem Framework. Larry und Sergey standen vor der Herausforderung, ihr Websuchtool so zu skalieren, dass es jeden Tag eine große Anzahl von Anfragen bearbeiten kann. Dies erwartete ein anhaltendes Interesse an Ausrüstung, Programmierung und Serverfarmen. Sie haben sich dazu entschieden, mithilfe vernünftiger, individueller Ausrüstung weitreichende, verteilte Systeme zu konstruieren. Dieser Ansatz ermöglichte ihnen eine kompetente und kosteneffiziente Skalierung und stellte sicher, dass Google mit dem stetig wachsenden Volumen des Web-Traffics umgehen konnte. #### Entschlossenheit Der Aufbau eines so starken und effektiven Websuchtools wie Google erfordert eine Mischung aus kreativen Berechnungen, einer soliden Grundlage und einem ständigen Fokus auf das Kundenerlebnis. Die bemerkenswerte Arbeit von Larry Page und

Sergey Brin bei der PageRank-Berechnung und ihre Verpflichtung zur konsequenten Weiterentwicklung haben Google von seinen Konkurrenten abgehoben und den Grundstein für seine Vorherrschaft auf dem Markt für Websuchtools gelegt. Ihre Bemühungen, Geschwindigkeit, Bedeutung und Einfachheit weiterzuentwickeln, veränderten die Art und Weise, wie Menschen an Daten im Internet gelangten, und machten Google für viele Kunden auf der ganzen Welt zu einem unverzichtbaren Werkzeug.Sie verwendeten gleiche Behandlungsmethoden und vermittelten Registrierungsmethoden. Durch die Verteilung der Verantwortung auf verschiedene Maschinen könnten sie gleichzeitig eine enorme Anzahl von Fragen bearbeiten. Darüber hinaus führten sie verschiedene Reservierungsinstrumente ein, um oft Informationen zu speichern und so die Reaktionszeiten weiter zu verbessern. #### Benutzeroberfläche und Erfahrung Larry und Sergey haben sich außerdem intensiv mit der Benutzeroberfläche und im Großen und Ganzen mit der Kundenerfahrung beschäftigt. Sie akzeptierten, dass Geradlinigkeit von entscheidender Bedeutung war, und planten daher eine makellose und aufgeräumte Zielseite von Google. Das moderate Design, das nur das Google-Logo und eine Suchleiste hervorhebt, unterschied sich deutlich von den überfüllten Zielseiten anderer Websuchtools. Diese Geradlinigkeit erstreckte sich auch auf die Seite mit den indizierten Listen, wo man sich darauf konzentrierte, die relevantesten Ergebnisse ganz oben einzuführen. Sie präsentierten auch Highlights wie Auszüge, die einen kurzen Einblick in den Inhalt jeder Seite gaben und den Benutzern dabei halfen, schnell über die Relevanz der Ergebnisse zu entscheiden. #### Konsequente Entwicklung Der frühe Erfolg von Google wurde durch stetige Weiterentwicklung vorangetrieben. Larry und Sergey waren mit der Norm immer unzufrieden und suchten konsequent nach Möglichkeiten, ihren Webindex weiterzuentwickeln. Sie erkundeten verschiedene Möglichkeiten für neue Berechnungen, Elemente und Benutzeroberflächen und wollten die Qualität und Bedeutung ihrer Abfrageelemente kontinuierlich verbessern. Eine ihrer ersten Entwicklungen war die Einführung des „I'm Feeling Fortunate"-Buttons von Google, der Kunden direkt zum obersten Eintrag führte. Diese Komponente unterstreicht ihr Vertrauen in die Genauigkeit ihrer Listenelemente und ihre Verpflichtung, ein konsistentes Kundenerlebnis zu bieten. #### Mit zunehmender Bekanntheit von Google stiegen auch die Anfragen nach seinem Framework. Larry und Sergey standen vor der Herausforderung, ihr Websuchtool so zu skalieren, dass es jeden Tag eine große Anzahl von Anfragen bearbeiten kann. Dies erwartete ein anhaltendes Interesse an Ausrüstung, Programmierung und Serverfarmen. Sie haben sich für den Prozess entschieden, vernünftige Einzelgeräte zu verwenden, um weitreichende, verteilte Systeme zu konstruieren. Dieser Ansatz ermöglichte ihnen eine kompetente und kosteneffiziente Skalierung und stellte sicher, dass Google mit dem stetig wachsenden Volumen des Web-Traffics umgehen konnte. #### Entschlossenheit Der Aufbau eines so starken und effektiven Websuchtools wie Google erfordert eine Mischung aus kreativen Berechnungen, einer soliden Grundlage und einem ständigen Fokus auf das Kundenerlebnis. Die bemerkenswerte Arbeit von Larry Page und Sergey Brin bei der PageRank-Berechnung und ihre Verpflichtung zur konsequenten Weiterentwicklung haben Google von seinen Konkurrenten abgehoben und den Grundstein für seine Vorherrschaft auf dem Markt für Websuchtools gelegt. Ihre Bemühungen, Geschwindigkeit, Bedeutung und Einfachheit weiterzuentwickeln, veränderten die Art und Weise, wie Menschen an Daten im Internet gelangten, und machten Google für viele Kunden auf der ganzen Welt zu einem unverzichtbaren Tool.Sie verwendeten gleiche Handhabungs- und übermittelte Registrierungsmethoden. Durch die Verteilung der Verantwortung auf verschiedene Maschinen könnten sie gleichzeitig eine enorme Anzahl von Fragen bearbeiten. Darüber hinaus führten sie verschiedene Reservierungsinstrumente ein, um oft Informationen zu speichern und so die Reaktionszeiten weiter zu verbessern. #### Benutzeroberfläche und Erfahrung Larry und Sergey haben sich außerdem intensiv mit der Benutzeroberfläche und im Großen und Ganzen mit der Kundenerfahrung beschäftigt. Sie akzeptierten, dass Geradlinigkeit von entscheidender Bedeutung war, und planten daher eine makellose und aufgeräumte Zielseite von Google. Das moderate Design, das nur das Google-Logo und eine Suchleiste hervorhebt, unterschied sich deutlich von den überfüllten Zielseiten anderer Websuchtools. Diese Geradlinigkeit erstreckte sich auch auf die Seite mit den indizierten Listen, wo man sich darauf konzentrierte, die relevantesten Ergebnisse ganz oben einzuführen. Sie präsentierten auch Highlights wie Auszüge, die einen kurzen Einblick in den Inhalt jeder Seite gaben und den Benutzern dabei halfen, schnell über die Relevanz der Ergebnisse zu entscheiden. ####

Konsequente Entwicklung Der frühe Erfolg von Google wurde durch stetige Weiterentwicklung vorangetrieben. Larry und Sergey waren mit der Norm immer unzufrieden und suchten konsequent nach Möglichkeiten, ihren Webindex weiterzuentwickeln. Sie erkundeten verschiedene Möglichkeiten für neue Berechnungen, Elemente und Benutzeroberflächen mit dem Ziel, die Qualität und Bedeutung ihrer Abfrageelemente kontinuierlich zu verbessern. Eine ihrer ersten Entwicklungen war die Einführung des „I'm Feeling Fortunate"-Buttons von Google, der Kunden direkt zum obersten Eintrag führte. Diese Komponente unterstreicht ihr Vertrauen in die Genauigkeit ihrer Listenelemente und ihre Verpflichtung, ein konsistentes Kundenerlebnis zu bieten. #### Mit zunehmender Bekanntheit von Google stiegen auch die Anfragen nach seinem Framework. Larry und Sergey standen vor der Herausforderung, ihr Websuchtool so zu skalieren, dass es jeden Tag eine große Anzahl von Anfragen bearbeiten kann. Dies erwartete ein anhaltendes Interesse an Ausrüstung, Programmierung und Serverfarmen. Sie haben sich dazu entschieden, mithilfe vernünftiger, individueller Ausrüstung weitreichende, verteilte Systeme zu konstruieren. Dieser Ansatz ermöglichte ihnen eine kompetente und kosteneffiziente Skalierung und stellte sicher, dass Google mit dem stetig wachsenden Volumen des Web-Traffics umgehen konnte.

Entschlossenheit

Der Aufbau eines so starken und effektiven Websuchtools wie Google erfordert eine Mischung aus kreativen Berechnungen, einer soliden Grundlage und einem stetigen Fokus auf das Kundenerlebnis. Die bemerkenswerte Arbeit von Larry Page und Sergey Brin bei der PageRank-Berechnung und ihre Verpflichtung zur konsequenten Weiterentwicklung haben Google von seinen Konkurrenten abgehoben und den Grundstein für seine Vorherrschaft auf dem Markt für Websuchtools gelegt. Ihre Bemühungen, Geschwindigkeit, Bedeutung und Einfachheit weiterzuentwickeln, veränderten die Art und Weise, wie Menschen an Daten im Internet gelangten, und machten Google für viele Kunden auf der ganzen Welt zu einem unverzichtbaren Werkzeug.Durch die Verteilung der Verantwortung auf verschiedene Maschinen könnten sie gleichzeitig eine enorme Anzahl von Fragen bearbeiten. Darüber hinaus führten sie verschiedene Reservierungsinstrumente ein, um oft Informationen zu speichern und so die Reaktionszeiten weiter zu verbessern.

Benutzeroberfläche und Erfahrung

Larry und Sergey haben sich außerdem intensiv mit der

Benutzeroberfläche und im Großen und Ganzen mit der Kundenerfahrung befasst. Sie akzeptierten, dass Geradlinigkeit von entscheidender Bedeutung war, und planten daher eine makellose und aufgeräumte Zielseite von Google. Das einfache Design, das nur das Google-Logo und eine Suchleiste hervorhebt, unterschied sich deutlich von den überfüllten Zielseiten anderer Websuchtools. Diese Geradlinigkeit erstreckte sich auch auf die Seite mit den indizierten Listen, wo man sich darauf konzentrierte, die relevantesten Ergebnisse ganz oben einzuführen. Sie präsentierten auch Highlights wie Auszüge, die einen kurzen Einblick in den Inhalt jeder Seite gaben und den Benutzern dabei halfen, schnell über die Relevanz der Ergebnisse zu entscheiden. ####
Konsequente Entwicklung Der frühe Erfolg von Google wurde durch stetige Weiterentwicklung vorangetrieben. Larry und Sergey waren mit der Norm immer unzufrieden und suchten konsequent nach Möglichkeiten, ihren Webindex weiterzuentwickeln. Sie erkundeten verschiedene Möglichkeiten für neue Berechnungen, Elemente und Benutzeroberflächen mit dem Ziel, die Qualität und Bedeutung ihrer Abfrageelemente kontinuierlich zu verbessern. Eine ihrer ersten Entwicklungen war die Einführung des „I'm

Feeling Fortunate"-Buttons von Google, der Kunden direkt zum obersten Eintrag führte. Diese Komponente unterstreicht ihr Vertrauen in die Genauigkeit ihrer Listenelemente und ihre Verpflichtung, ein konsistentes Kundenerlebnis zu bieten. #### Mit zunehmender Bekanntheit von Google stiegen auch die Anfragen nach seinem Framework. Larry und Sergey standen vor der Herausforderung, ihr Websuchtool so zu skalieren, dass es jeden Tag eine große Anzahl von Anfragen bearbeiten kann. Dies erwartete ein anhaltendes Interesse an Ausrüstung, Programmierung und Serverfarmen. Sie haben sich dazu entschieden, mithilfe vernünftiger, individueller Ausrüstung weitreichende, verteilte Systeme zu konstruieren. Dieser Ansatz ermöglichte ihnen eine kompetente und kosteneffiziente Skalierung und stellte sicher, dass Google mit dem stetig wachsenden Volumen des Web-Traffics umgehen konnte. #### Entschlossenheit Der Aufbau eines so starken und effektiven Websuchtools wie Google erfordert eine Mischung aus kreativen Berechnungen, einer soliden Grundlage und einem stetigen Fokus auf das Kundenerlebnis. Die bemerkenswerte Arbeit von Larry Page und Sergey Brin bei der PageRank-Berechnung und ihre Verpflichtung zur konsequenten Weiterentwicklung haben Google von seinen

Konkurrenten abgehoben und den Grundstein für seine Vorherrschaft auf dem Markt für Websuchtools gelegt. Ihre Bemühungen, Geschwindigkeit, Bedeutung und Einfachheit weiterzuentwickeln, veränderten die Art und Weise, wie Menschen an Daten im Internet gelangten, und machten Google für viele Kunden auf der ganzen Welt zu einem unverzichtbaren Werkzeug.Durch die Verteilung der Verantwortung auf verschiedene Maschinen könnten sie gleichzeitig eine enorme Anzahl von Fragen bearbeiten. Darüber hinaus führten sie verschiedene Reservierungsinstrumente ein, um oft Informationen zu speichern und so die Reaktionszeiten weiter zu verbessern. #### Benutzeroberfläche und Erfahrung Larry und Sergey haben sich außerdem intensiv mit der Benutzeroberfläche und im Großen und Ganzen mit der Kundenerfahrung beschäftigt. Sie akzeptierten, dass Geradlinigkeit von entscheidender Bedeutung war, und planten daher eine makellose und aufgeräumte Zielseite von Google. Das moderate Design, das nur das Google-Logo und eine Suchleiste hervorhebt, unterschied sich deutlich von den überfüllten Zielseiten anderer Websuchtools. Diese Geradlinigkeit erstreckte sich auch auf die Seite mit den indizierten Listen, wo man sich darauf konzentrierte, die relevantesten Ergebnisse ganz oben einzuführen. Sie präsentierten auch Highlights wie Auszüge, die einen kurzen Einblick in den Inhalt jeder Seite gaben und den Benutzern dabei halfen, schnell über die Relevanz der Ergebnisse zu entscheiden. #### Konsequente Entwicklung Der frühe Erfolg von Google wurde durch stetige Weiterentwicklung vorangetrieben. Larry und Sergey waren mit der Norm immer unzufrieden und suchten konsequent nach Möglichkeiten, ihren Webindex weiterzuentwickeln. Sie erkundeten verschiedene Möglichkeiten für neue Berechnungen, Elemente und Benutzeroberflächen mit dem Ziel, die Qualität und Bedeutung ihrer Abfrageelemente kontinuierlich zu verbessern. Eine ihrer ersten Entwicklungen war die Einführung des „I'm Feeling Fortunate"-Buttons von Google, der Kunden direkt zum obersten Eintrag führte. Diese Komponente unterstreicht ihr Vertrauen in die Genauigkeit ihrer Listenelemente und ihre Verpflichtung, ein konsistentes Kundenerlebnis zu bieten. #### Mit zunehmender Bekanntheit von Google stiegen auch die Anfragen nach seinem Framework. Larry und Sergey standen vor der Herausforderung, ihr Websuchtool so zu skalieren, dass es jeden Tag eine große Anzahl von Anfragen bearbeiten kann. Dies erwartete ein anhaltendes Interesse an Ausrüstung,

Programmierung und Serverfarmen. Sie haben sich dazu entschieden, mithilfe vernünftiger, individueller Ausrüstung weitreichende, verteilte Systeme zu konstruieren. Dieser Ansatz ermöglichte ihnen eine kompetente und kosteneffiziente Skalierung und stellte sicher, dass Google mit dem stetig wachsenden Volumen des Web-Traffics umgehen konnte.

Entschlossenheit

Der Aufbau eines so starken und effektiven Websuchtools wie Google erfordert eine Mischung aus kreativen Berechnungen, einer soliden Grundlage und einem ständigen Fokus auf das Kundenerlebnis. Die bemerkenswerte Arbeit von Larry Page und Sergey Brin bei der PageRank-Berechnung und ihre Verpflichtung zur konsequenten Weiterentwicklung haben Google von seinen Konkurrenten abgehoben und den Grundstein für seine Vorherrschaft auf dem Markt für Websuchtools gelegt. Ihre Bemühungen, Geschwindigkeit, Bedeutung und Einfachheit weiterzuentwickeln, veränderten die Art und Weise, wie Menschen an Daten im Internet gelangten, und machten Google für viele Kunden auf der ganzen Welt zu einem unverzichtbaren Werkzeug.Darüber hinaus führten sie verschiedene Reservierungsinstrumente ein, um oft Informationen zu speichern und so die Reaktionszeiten weiter zu verbessern. ####

Benutzeroberfläche und Erfahrung Larry und Sergey haben sich außerdem intensiv mit der Benutzeroberfläche und im Großen und Ganzen mit der Kundenerfahrung beschäftigt. Sie akzeptierten, dass Geradlinigkeit von entscheidender Bedeutung war, und planten daher eine makellose und aufgeräumte Zielseite von Google. Das einfache Design, das nur das Google-Logo und eine Suchleiste hervorhebt, unterschied sich deutlich von den überfüllten Zielseiten anderer Websuchtools. Diese Geradlinigkeit erstreckte sich auch auf die Seite mit den indizierten Listen, wo man sich darauf konzentrierte, die relevantesten Ergebnisse ganz oben einzuführen. Sie präsentierten auch Highlights wie Auszüge, die einen kurzen Einblick in den Inhalt jeder Seite gaben und den Benutzern dabei halfen, schnell über die Relevanz der Ergebnisse zu entscheiden. #### Konsequente Entwicklung Der frühe Erfolg von Google wurde durch stetige Weiterentwicklung vorangetrieben. Larry und Sergey waren mit der Norm immer unzufrieden und suchten konsequent nach Möglichkeiten, ihren Webindex weiterzuentwickeln. Sie erkundeten verschiedene Möglichkeiten für neue Berechnungen, Elemente und Benutzeroberflächen mit dem Ziel, die Qualität und Bedeutung ihrer Abfrageelemente kontinuierlich zu verbessern. Eine ihrer ersten Entwicklungen war die Einführung des „I'm Feeling Fortunate"-Buttons von Google, der Kunden direkt zum obersten Eintrag führte. Diese Komponente unterstreicht ihr Vertrauen in die Genauigkeit ihrer Listenelemente und ihre Verpflichtung, ein konsistentes Kundenerlebnis zu bieten. #### Mit zunehmender Bekanntheit von Google stiegen auch die Anfragen nach seinem Framework. Larry und Sergey standen vor der Herausforderung, ihr Websuchtool so zu skalieren, dass es jeden Tag eine große Anzahl von Anfragen bearbeiten kann. Dies erwartete ein anhaltendes Interesse an Ausrüstung, Programmierung und Serverfarmen. Sie haben sich für den Prozess entschieden, vernünftige Einzelgeräte zu verwenden, um weitreichende, verteilte Systeme zu konstruieren. Dieser Ansatz ermöglichte ihnen eine kompetente und kosteneffiziente Skalierung und stellte sicher, dass Google mit dem stetig wachsenden Volumen des Web-Traffics umgehen konnte. #### Entschlossenheit Der Aufbau eines so starken und effektiven Websuchtools wie Google erfordert eine Mischung aus kreativen Berechnungen, einer soliden Grundlage und einem stetigen Fokus auf das Kundenerlebnis. Die bemerkenswerte Arbeit von Larry Page und Sergey Brin bei der PageRank-Berechnung und ihre Verpflichtung zur konsequenten Weiterentwicklung haben Google von seinen Konkurrenten abgehoben und den Grundstein für seine Vorherrschaft auf dem Markt für Websuchtools gelegt. Ihre Bemühungen, Geschwindigkeit, Bedeutung und Einfachheit weiterzuentwickeln, veränderten die Art und Weise, wie Menschen an Daten im Internet gelangten, und machten Google für viele Kunden auf der ganzen Welt zu einem unverzichtbaren Werkzeug.Darüber hinaus führten sie verschiedene Reservierungsinstrumente ein, um oft Informationen zu speichern und so die Reaktionszeiten weiter zu verbessern. #### Benutzeroberfläche und Erfahrung Larry und Sergey haben sich außerdem intensiv mit der Benutzeroberfläche und im Großen und Ganzen mit der Kundenerfahrung beschäftigt. Sie akzeptierten, dass Geradlinigkeit von entscheidender Bedeutung war, und planten daher eine makellose und aufgeräumte Zielseite von Google. Das einfache Design, das nur das Google-Logo und eine Suchleiste hervorhebt, unterschied sich deutlich von den überfüllten Zielseiten anderer Websuchtools. Diese Geradlinigkeit erstreckte sich auch auf die Seite mit den indizierten Listen, wo man sich darauf konzentrierte, die relevantesten Ergebnisse ganz oben einzuführen. Sie präsentierten auch

Highlights wie Auszüge, die einen kurzen Einblick in den Inhalt jeder Seite gaben und den Benutzern dabei halfen, schnell über die Relevanz der Ergebnisse zu entscheiden. #### Konsequente Entwicklung Der frühe Erfolg von Google wurde durch stetige Weiterentwicklung vorangetrieben. Larry und Sergey waren mit der Norm immer unzufrieden und suchten konsequent nach Möglichkeiten, ihren Webindex weiterzuentwickeln. Sie erkundeten verschiedene Möglichkeiten für neue Berechnungen, Elemente und Benutzeroberflächen und wollten die Qualität und Bedeutung ihrer Abfrageelemente kontinuierlich verbessern. Eine ihrer ersten Entwicklungen war die Einführung des „I'm Feeling Fortunate"-Buttons von Google, der Kunden direkt zum obersten Eintrag führte. Diese Komponente unterstreicht ihr Vertrauen in die Genauigkeit ihrer Listenelemente und ihre Verpflichtung, ein konsistentes Kundenerlebnis zu bieten. #### Mit zunehmender Bekanntheit von Google stiegen auch die Anfragen nach seinem Framework. Larry und Sergey standen vor der Herausforderung, ihr Websuchtool so zu skalieren, dass es jeden Tag eine große Anzahl von Anfragen bearbeiten kann. Dies erwartete ein anhaltendes Interesse an Ausrüstung, Programmierung und Serverfarmen. Sie haben sich für den Prozess entschieden, vernünftige Einzelgeräte zu verwenden, um weitreichende, verteilte Systeme zu konstruieren. Dieser Ansatz ermöglichte ihnen eine kompetente und kosteneffiziente Skalierung und stellte sicher, dass Google mit dem stetig wachsenden Volumen des Web-Traffics umgehen konnte.

Entschlossenheit

Der Aufbau eines so starken und effektiven Websuchtools wie Google erfordert eine Mischung aus kreativen Berechnungen, einer soliden Grundlage und einem ständigen Fokus auf das Kundenerlebnis. Die bemerkenswerte Arbeit von Larry Page und Sergey Brin bei der PageRank-Berechnung und ihre Verpflichtung zur konsequenten Weiterentwicklung haben Google von seinen Konkurrenten abgehoben und den Grundstein für seine Vorherrschaft auf dem Markt für Websuchtools gelegt. Ihre Bemühungen, Geschwindigkeit, Bedeutung und Einfachheit weiterzuentwickeln, veränderten die Art und Weise, wie Menschen an Daten im Internet gelangten, und machten Google für viele Kunden auf der ganzen Welt zu einem unverzichtbaren Werkzeug.

Benutzeroberfläche und Erfahrung

Larry und Sergey haben sich außerdem intensiv mit der Benutzeroberfläche und im Großen und Ganzen mit der Kundenerfahrung befasst. Sie akzeptierten, dass

Geradlinigkeit von entscheidender Bedeutung war, und planten daher eine makellose und aufgeräumte Zielseite von Google. Das einfache Design, das nur das Google-Logo und eine Suchleiste hervorhebt, unterschied sich deutlich von den überfüllten Zielseiten anderer Websuchtools. Diese Geradlinigkeit erstreckte sich auch auf die Seite mit den indizierten Listen, wo man sich darauf konzentrierte, die relevantesten Ergebnisse ganz oben einzuführen. Sie präsentierten auch Highlights wie Auszüge, die einen kurzen Einblick in den Inhalt jeder Seite gaben und den Benutzern dabei halfen, schnell über die Relevanz der Ergebnisse zu entscheiden.

Konsequente Entwicklung

Der frühe Erfolg von Google wurde durch stetige Weiterentwicklung vorangetrieben. Larry und Sergey waren mit der Norm immer unzufrieden und suchten konsequent nach Möglichkeiten, ihren Webindex weiterzuentwickeln. Sie erkundeten verschiedene Möglichkeiten für neue Berechnungen, Elemente und Benutzeroberflächen und wollten die Qualität und Bedeutung ihrer Abfrageelemente kontinuierlich verbessern. Eine ihrer ersten Entwicklungen war die Einführung des „I'm Feeling Fortunate"-Buttons von Google, der Kunden direkt zum obersten Eintrag führte. Diese Komponente unterstreicht ihr Vertrauen in die Genauigkeit ihrer Listenelemente und ihre Verpflichtung, ein konsistentes Kundenerlebnis zu bieten. #### Mit zunehmender Bekanntheit von Google stiegen auch die Anfragen nach seinem Framework. Larry und Sergey standen vor der Herausforderung, ihr Websuchtool so zu skalieren, dass es jeden Tag eine große Anzahl von Anfragen bearbeiten kann. Dies erwartete ein anhaltendes Interesse an Ausrüstung, Programmierung und Serverfarmen. Sie haben sich dazu entschieden, mithilfe vernünftiger, individueller Ausrüstung weitreichende, verteilte Systeme zu konstruieren. Dieser Ansatz ermöglichte ihnen eine kompetente und kosteneffiziente Skalierung und stellte sicher, dass Google mit dem stetig wachsenden Volumen des Web-Traffics umgehen konnte. #### Entschlossenheit Der Aufbau eines so starken und effektiven Websuchtools wie Google erfordert eine Mischung aus kreativen Berechnungen, einer soliden Grundlage und einem ständigen Fokus auf das Kundenerlebnis. Die bemerkenswerte Arbeit von Larry Page und Sergey Brin bei der PageRank-Berechnung und ihre Verpflichtung zur konsequenten Weiterentwicklung haben Google von seinen Konkurrenten abgehoben und den Grundstein für seine Vorherrschaft auf dem Markt für Websuchtools gelegt. Ihre Bemühungen,

Geschwindigkeit, Bedeutung und Einfachheit weiterzuentwickeln, veränderten die Art und Weise, wie Menschen an Daten im Internet gelangten, und machten Google für viele Kunden auf der ganzen Welt zu einem unverzichtbaren Werkzeug.#### Benutzeroberfläche und Erfahrung Larry und Sergey haben sich außerdem intensiv mit der Benutzeroberfläche und im Großen und Ganzen mit der Kundenerfahrung beschäftigt. Sie akzeptierten, dass Geradlinigkeit von entscheidender Bedeutung war, und planten daher eine makellose und aufgeräumte Zielseite von Google. Das einfache Design, das nur das Google-Logo und eine Suchleiste hervorhebt, unterschied sich deutlich von den überfüllten Zielseiten anderer Websuchtools. Diese Geradlinigkeit erstreckte sich auch auf die Seite mit den indizierten Listen, wo man sich darauf konzentrierte, die relevantesten Ergebnisse ganz oben einzuführen. Sie präsentierten auch Highlights wie Auszüge, die einen kurzen Einblick in den Inhalt jeder Seite gaben und den Benutzern dabei halfen, schnell über die Relevanz der Ergebnisse zu entscheiden. #### Konsequente Entwicklung Der frühe Erfolg von Google wurde durch stetige Weiterentwicklung vorangetrieben. Larry und Sergey waren mit der Norm immer unzufrieden und suchten konsequent nach Möglichkeiten, ihren Webindex weiterzuentwickeln. Sie erkundeten verschiedene Möglichkeiten für neue Berechnungen, Elemente und Benutzeroberflächen mit dem Ziel, die Qualität und Bedeutung ihrer Abfrageelemente kontinuierlich zu verbessern. Eine ihrer ersten Entwicklungen war die Einführung des „I'm Feeling Fortunate"-Buttons von Google, der Kunden direkt zum obersten Eintrag führte. Diese Komponente unterstreicht ihr Vertrauen in die Genauigkeit ihrer Listenelemente und ihre Verpflichtung, ein konsistentes Kundenerlebnis zu bieten. #### Mit zunehmender Bekanntheit von Google stiegen auch die Anfragen nach seinem Framework. Larry und Sergey standen vor der Herausforderung, ihr Websuchtool so zu skalieren, dass es jeden Tag eine große Anzahl von Anfragen bearbeiten kann. Dies erwartete ein anhaltendes Interesse an Ausrüstung, Programmierung und Serverfarmen. Sie haben sich für den Prozess entschieden, vernünftige Einzelgeräte zu verwenden, um weitreichende, verteilte Systeme zu konstruieren. Dieser Ansatz ermöglichte ihnen eine kompetente und kosteneffiziente Skalierung und stellte sicher, dass Google mit dem stetig wachsenden Volumen des Web-Traffics umgehen konnte. #### Entschlossenheit Der Aufbau eines so starken und effektiven Websuchtools wie Google erfordert eine Mischung aus kreativen Berechnungen, einer soliden Grundlage und einem stetigen Fokus auf das Kundenerlebnis. Die bemerkenswerte Arbeit von Larry Page und Sergey Brin bei der PageRank-Berechnung und ihre Verpflichtung zur konsequenten Weiterentwicklung haben Google von seinen Konkurrenten abgehoben und den Grundstein für seine Vorherrschaft auf dem Markt für Websuchtools gelegt. Ihre Bemühungen, Geschwindigkeit, Bedeutung und Einfachheit weiterzuentwickeln, veränderten die Art und Weise, wie Menschen an Daten im Internet gelangten, und machten Google für viele Kunden auf der ganzen Welt zu einem unverzichtbaren Tool.Diese Geradlinigkeit erstreckte sich auch auf die Seite mit den indizierten Listen, wo man sich darauf konzentrierte, die relevantesten Ergebnisse ganz oben einzuführen. Sie präsentierten auch Highlights wie Auszüge, die einen kurzen Einblick in den Inhalt jeder Seite gaben und den Benutzern dabei halfen, schnell über die Relevanz der Ergebnisse zu entscheiden. #### Konsequente Entwicklung Der frühe Erfolg von Google wurde durch stetige Weiterentwicklung vorangetrieben. Larry und Sergey waren mit der Norm immer unzufrieden und suchten konsequent nach Möglichkeiten, ihren Webindex weiterzuentwickeln. Sie erkundeten verschiedene Möglichkeiten für neue Berechnungen, Elemente und Benutzeroberflächen und wollten die Qualität und Bedeutung ihrer Abfrageelemente kontinuierlich verbessern. Eine ihrer ersten Entwicklungen war die Einführung des „I'm Feeling Fortunate"-Buttons von Google, der Kunden direkt zum obersten Eintrag führte. Diese Komponente unterstreicht ihr Vertrauen in die Genauigkeit ihrer Listenelemente und ihre Verpflichtung, ein konsistentes Kundenerlebnis zu bieten. #### Mit zunehmender Bekanntheit von Google stiegen auch die Anfragen nach seinem Framework. Larry und Sergey standen vor der Herausforderung, ihr Websuchtool so zu skalieren, dass es jeden Tag eine große Anzahl von Anfragen bearbeiten kann. Dies erwartete ein anhaltendes Interesse an Ausrüstung, Programmierung und Serverfarmen. Sie haben sich für den Prozess entschieden, vernünftige Einzelgeräte zu verwenden, um weitreichende, verteilte Systeme zu konstruieren. Dieser Ansatz ermöglichte ihnen eine kompetente und kosteneffiziente Skalierung und stellte sicher, dass Google mit dem stetig wachsenden Volumen des Web-Traffics umgehen konnte. #### Entschlossenheit Der Aufbau eines so starken und effektiven Websuchtools wie Google erfordert eine Mischung aus kreativen

Berechnungen, einer soliden Grundlage und einem ständigen Fokus auf das Kundenerlebnis. Die bemerkenswerte Arbeit von Larry Page und Sergey Brin bei der PageRank-Berechnung und ihre Verpflichtung zur konsequenten Weiterentwicklung haben Google von seinen Konkurrenten abgehoben und den Grundstein für seine Vorherrschaft auf dem Markt für Websuchtools gelegt. Ihre Bemühungen, Geschwindigkeit, Bedeutung und Einfachheit weiterzuentwickeln, veränderten die Art und Weise, wie Menschen an Daten im Internet gelangten, und machten Google für viele Kunden auf der ganzen Welt zu einem unverzichtbaren Tool.Diese Geradlinigkeit erstreckte sich auch auf die Seite mit den indizierten Listen, wo man sich darauf konzentrierte, die relevantesten Ergebnisse ganz oben einzuführen. Sie präsentierten auch Highlights wie Auszüge, die einen kurzen Einblick in den Inhalt jeder Seite gaben und den Benutzern dabei halfen, schnell über die Relevanz der Ergebnisse zu entscheiden. #### Konsequente Entwicklung Der frühe Erfolg von Google wurde durch stetige Weiterentwicklung vorangetrieben. Larry und Sergey waren mit der Norm immer unzufrieden und suchten konsequent nach Möglichkeiten, ihren Webindex weiterzuentwickeln. Sie erkundeten verschiedene Möglichkeiten für neue

Berechnungen, Elemente und Benutzeroberflächen und wollten die Qualität und Bedeutung ihrer Abfrageelemente kontinuierlich verbessern. Eine ihrer ersten Entwicklungen war die Einführung des „I'm Feeling Fortunate"-Buttons von Google, der Kunden direkt zum obersten Eintrag führte. Diese Komponente unterstreicht ihr Vertrauen in die Genauigkeit ihrer Listenelemente und ihre Verpflichtung, ein konsistentes Kundenerlebnis zu bieten. #### Mit zunehmender Bekanntheit von Google stiegen auch die Anfragen nach seinem Framework. Larry und Sergey standen vor der Herausforderung, ihr Websuchtool so zu skalieren, dass es jeden Tag eine große Anzahl von Anfragen bearbeiten kann. Dies erwartete ein anhaltendes Interesse an Ausrüstung, Programmierung und Serverfarmen. Sie haben sich für den Prozess entschieden, vernünftige Einzelgeräte zu verwenden, um weitreichende, verteilte Systeme zu konstruieren. Dieser Ansatz ermöglichte ihnen eine kompetente und kosteneffiziente Skalierung und stellte sicher, dass Google mit dem stetig wachsenden Volumen des Web-Traffics umgehen konnte. #### Entschlossenheit Der Aufbau eines so starken und effektiven Websuchtools wie Google erfordert eine Mischung aus kreativen Berechnungen, einer soliden Grundlage und einem ständigen Fokus auf das Kundenerlebnis. Die bemerkenswerte Arbeit von Larry Page und Sergey Brin bei der PageRank-Berechnung und ihre Verpflichtung zur konsequenten Weiterentwicklung haben Google von seinen Konkurrenten abgehoben und den Grundstein für seine Vorherrschaft auf dem Markt für Websuchtools gelegt. Ihre Bemühungen, Geschwindigkeit, Bedeutung und Einfachheit weiterzuentwickeln, veränderten die Art und Weise, wie Menschen an Daten im Internet gelangten, und machten Google für viele Kunden auf der ganzen Welt zu einem unverzichtbaren Tool.wodurch Kunden direkt zum Top-Artikel gelangten. Diese Komponente unterstreicht ihr Vertrauen in die Genauigkeit ihrer Listenelemente und ihre Verpflichtung, ein konsistentes Kundenerlebnis zu bieten. #### Mit zunehmender Bekanntheit von Google stiegen auch die Anfragen nach seinem Framework. Larry und Sergey standen vor der Herausforderung, ihr Websuchtool so zu skalieren, dass es jeden Tag eine große Anzahl von Anfragen bearbeiten kann. Dies erwartete ein anhaltendes Interesse an Ausrüstung, Programmierung und Serverfarmen. Sie haben sich für den Prozess entschieden, vernünftige Einzelgeräte zu verwenden, um weitreichende, verteilte Systeme zu konstruieren. Dieser Ansatz ermöglichte ihnen eine kompetente und kosteneffiziente Skalierung und stellte sicher, dass Google mit dem stetig wachsenden Volumen des Web-Traffics umgehen konnte. #### Entschlossenheit Der Aufbau eines so starken und effektiven Websuchtools wie Google erfordert eine Mischung aus kreativen Berechnungen, einer soliden Grundlage und einem stetigen Fokus auf das Kundenerlebnis. Die bemerkenswerte Arbeit von Larry Page und Sergey Brin bei der PageRank-Berechnung und ihre Verpflichtung zur konsequenten Weiterentwicklung haben Google von seinen Konkurrenten abgehoben und den Grundstein für seine Vorherrschaft auf dem Markt für Websuchtools gelegt. Ihre Bemühungen, Geschwindigkeit, Bedeutung und Einfachheit weiterzuentwickeln, veränderten die Art und Weise, wie Menschen an Daten im Internet gelangten, und machten Google für viele Kunden auf der ganzen Welt zu einem unverzichtbaren Werkzeug.wodurch Kunden direkt zum Top-Artikel gelangten. Diese Komponente unterstreicht ihr Vertrauen in die Genauigkeit ihrer Listenelemente und ihre Verpflichtung, ein konsistentes Kundenerlebnis zu bieten. #### Mit zunehmender Bekanntheit von Google stiegen auch die Anfragen nach seinem Framework. Larry und Sergey standen vor der

Herausforderung, ihr Websuchtool so zu skalieren, dass es jeden Tag eine große Anzahl von Anfragen bearbeiten kann. Dies erwartete ein anhaltendes Interesse an Ausrüstung, Programmierung und Serverfarmen. Sie haben sich für den Prozess entschieden, vernünftige Einzelgeräte zu verwenden, um weitreichende, verteilte Systeme zu konstruieren. Dieser Ansatz ermöglichte ihnen eine kompetente und kosteneffiziente Skalierung und stellte sicher, dass Google mit dem stetig wachsenden Volumen des Web-Traffics umgehen konnte.

Entschlossenheit

Der Aufbau eines so starken und effektiven Websuchtools wie Google erfordert eine Mischung aus kreativen Berechnungen, einer soliden Grundlage und einem stetigen Fokus auf das Kundenerlebnis. Die bemerkenswerte Arbeit von Larry Page und Sergey Brin bei der PageRank-Berechnung und ihre Verpflichtung zur konsequenten Weiterentwicklung haben Google von seinen Konkurrenten abgehoben und den Grundstein für seine Vorherrschaft auf dem Markt für Websuchtools gelegt. Ihre Bemühungen, Geschwindigkeit, Bedeutung und Einfachheit weiterzuentwickeln, veränderten die Art und Weise, wie Menschen an Daten im Internet gelangten, und machten Google für viele Kunden auf der ganzen Welt zu einem unverzichtbaren Werkzeug.

Die verirrten Teile von Googles Berechnung

Während Larry Page und Sergey Brin mit ihrer PageRank-Idee den Grundstein für die Berechnung von Google legten, sind die interessanten Punkte der Suchberechnung von Google ein sorgfältig verborgenes Geheimnis. Tatsächlich wissen wir Folgendes: Die Geschichte: PageRank Wie bereits erwähnt, bleibt PageRank eine zentrale Regel. Es untersucht die Backlinks, die eine Website-Seite hervorheben, um deren Bedeutung und Relevanz zu bestimmen. Frühere Backlinks: Eine komplexe Methodik Bei der Berechnung von Google werden viele Variablen (möglicherweise sogar Tausende) berücksichtigt, um Website-Seiten zu bewerten. Diese Elemente können wie folgt umfassend angeordnet werden: Inhalt: Die Relevanz, Qualität und Tiefe des Inhalts auf der Seite, die der Anfragefrage entspricht. Benutzerfreundlichkeit der Website: Variablen wie Vielseitigkeit, Seitenstapelrate und allgemein die Kundenerfahrung spielen eine Rolle. Sicherheit und Vertrauen: Google konzentriert sich auf sichere Websites (HTTPS) und Websites mit gutem Ruf. Suchclient-Einstellung: Ihre Region, Ihr Suchverlauf und Ihre Neigungen können die Abfrageelemente anpassen. KI und

Auf dem neuesten Stand bleiben Google nutzt KI intensiv, um kontinuierlich an der Fähigkeit seiner Berechnungen zu arbeiten, Suchziele zu erfassen und die relevantesten Ergebnisse zu liefern. Die Berechnung wird regelmäßig aktualisiert, wodurch versucht wird, den Rahmen für höhere Platzierungen auszunutzen. Das Kundenerlebnis steht im Mittelpunkt Das oberste Ziel von Google besteht darin, den Kunden möglichst entgegenkommende und lehrreich indexierte Listen zur Verfügung zu stellen. Dieser kundenorientierte Ansatz ist der Hauptimpuls für die Entwicklung ihrer Berechnung. Auch wenn die Einzelheiten geheim bleiben, kann Ihnen das Verständnis dieser Standpunkte einen umfassenden Überblick darüber verschaffen, wie das Websuchtool von Google funktioniert und welche Elemente die Positionierung Ihrer Website in Listenelementen beeinflussen.

Kapitel 5: Die primäre Spekulation

Subventionen erhalten und Trainer aufspüren Der Übergang von einem aggressiven Forschungsprojekt zu einem realisierbaren Geschäft erfordert etwas, das über einen weltbewegenden Gedanken hinausgeht; Es erfordert finanzielle Unterstützung und die Anleitung erfahrener Trainer. Für Larry Page und Sergey Brin war der Abschluss ihres denkwürdigsten Großprojekts ein entscheidender Erfolg, der Google von einem vielversprechenden Startup zu einer weltweiten Kraft machte, mit der man rechnen muss. Der Test beim Aufspüren von Geldgebern In der zweiten Hälfte der 1990er-Jahre florierte das Internet mit neuen Unternehmen, die um Fokus und Finanzierung konkurrierten. Unabhängig von der kreativen Idee ihres Websuchtools hatten Larry und Sergey große Schwierigkeiten, Geldgeber von der wahren Leistungsfähigkeit zu überzeugen. Viele hatten Zweifel an der Plausibilität von konkurrierenden, übersichtlichen Web-Indizes wie „Hurray!" außerdem AltaVista. Larry und Sergey wandten sich mit ihrem Vorschlag zunächst an einige Investoren, doch ihre unbeholfene Methodik und ihre wissenschaftlichen Grundlagen machten es schwierig, Verantwortung zu übernehmen. Sie brauchten einen Geldgeber, der die Leistungsfähigkeit ihrer Innovation erkennen und finanzielle Unterstützung, aber auch wichtige Anweisungen geben konnte. Treffen mit Andy Bechtolsheim Der Aufstieg erfolgte durch Andy Bechtolsheim, einen wichtigen Unterstützer von Sun Microsystems und einen sorgfältig vorbereiteten Geschäftsmann mit einem scharfen Blick für außergewöhnliche Innovationen. Bechtolsheim war dafür bekannt, vielversprechende Fortschritte frühzeitig zu erkennen, und seine Unternehmungen waren häufig erfolgreich. Im August 1998 organisierten Larry und Sergey über einen gemeinsamen Kollegen ein Treffen mit Bechtolsheim. Die Versammlung fand auf der Terrasse des Hauses eines Mitarbeiters in Stanford statt, wo er eine frühe Version seines Webindex zeigte. Trotz der entspannten Atmosphäre und der Schnelligkeit der Show war Bechtolsheim sofort von der Leistungsfähigkeit ihrer Innovation beeindruckt. Der Hauptscheck Bechtolsheim erkannte den Wert und die wahrscheinliche Wirkung des Websuchtools von Larry und Sergey und stellte einen Scheck über 100.000 US-Dollar an „Google Inc." aus. vor Ort. Zu diesem Zeitpunkt existierte Google Inc. offiziell noch nicht, daher mussten Larry und Sergey schnell die Organisation für die

Aufbewahrung des Schecks planen. Diese zugrunde liegende Spekulation lieferte die entscheidende Startfinanzierung, die es ihnen ermöglichte, von einer wissenschaftlichen Aufgabe zu einem Unternehmen zu werden. Auch das Underwriting von Bechtolsheim war eine starke Bestätigung ihrer Arbeit. Sein Vertrauen in ihre Vision lockte zusätzliche Geldgeber an und gab ihnen die Energie, die sie zum Weitermachen erwarteten. Konsolidierung von Google Inc. Am 4. September 1998 haben Larry und Sergey Google Inc. offiziell integriert. Mit dem zugrunde liegenden Unternehmen aus Bechtolsheim und zusätzlichem Vermögen von Familie, Freunden und privaten Geldgebern hatten sie die Möglichkeit, ihre Aufgaben zu erweitern. Dazu gehörte auch der Umzug aus dem Carport und in ihr denkwürdigstes Behördenbüro in Palo Alto, Kalifornien. Aufbau einer Gruppe Mit der finanziellen UnterstützungLarry und Sergey begannen, eine Gruppe begabter Spezialisten und Führer zusammenzustellen. Craig Silverstein, ein einzelner Stanford-Student, wurde zum denkwürdigsten Vertreter von Google. Sie haben auch andere großartige Persönlichkeiten hinzugezogen, die ihre Vision und Energie für die Weiterentwicklung der Websuche teilten. Ungeachtet ihrer besonderen Fähigkeiten suchten sie nach Beratern, die geschäftliche und wichtige Anweisungen geben konnten. Zu diesen frühen Beratern gehörte Smash Shriram, ein Geschäftsvisionär und früherer Leiter bei Netscape. Shrirams Einsicht und Organisation erwiesen sich als wichtig, als Larry und Sergey die Schwierigkeiten beim Aufbau eines Startups untersuchten. Die Rolle des Coaches als Mentor spielte bei der ersten Wendung der Ereignisse bei Google eine wichtige Rolle. Obwohl Larry und Sergey besonders begabt und visionär waren, waren sie neu in der Geschäftswelt. Führer wie Bechtolsheim und Shriram versorgten sie mit Wissen und Ratschlägen, die ihnen bei der Entscheidungsfindung halfen. Bechtolsheims anfängliche Hilfe war mehr als nur Geld; Es war eine Demonstration positiver Unterstützung, die den Eingängen dabei half, Spekulationen und Organisationen zu fördern. Shrirams Anleitung zu Geschäftsaufgaben und Entwicklungssystemen unterstützte Larry und Sergey bei der Skalierung ihrer Vision. Skalierungsaktivitäten Mit der zugrunde liegenden Subventionierung könnte Google Ressourcen in den Rahmen stecken, von dem erwartet wird, dass er seinem wachsenden Kundenstamm hilft. Sie kauften zusätzliche Server, erweiterten ihre Bestellkapazitäten und arbeiteten an ihren Kalkulationen. Diese Zeit der schnellen Skalierung war ausschlaggebend dafür, Google als solides und leistungsfähiges Websuchtool zu etablieren. Die Subventionierung ermöglichte es ihnen außerdem, andere Wege in Bezug auf neue Elemente und Upgrades zu erkunden, wodurch sichergestellt wurde, dass Google an der Spitze der Konkurrenz blieb. Ihr Schwerpunkt auf Entwicklung und Kundenerfahrung half ihnen dabei, sich von einem zuverlässigen Kundenstamm zurückzuziehen, der sich immer weiter dramatisch entwickelte. Fazit Für Larry Page und Sergey Brin war es ein entscheidender Moment, ihre denkwürdigste Spekulation zu bekommen. Die Hilfe von Andy Bechtolsheim und anderen frühen Geldgebern sorgte für die finanziellen Mittel und die Betreuung, die erwartet wurden, um Google von einem vielversprechenden Forschungsprojekt in ein florierendes Unternehmen zu verwandeln. Dieses zugrunde liegende Unterfangen begründete die schnelle Entwicklung und Weiterentwicklung von Google, positionierte das Unternehmen als Vorreiter auf dem Webcrawler-Markt und bereitete es auf seine zukünftigen Siege vor.Die Rolle des Coaches als Mentor spielte bei der ersten Wendung der Ereignisse bei Google eine wichtige Rolle. Obwohl Larry und Sergey besonders begabt und visionär waren,

waren sie neu in der Geschäftswelt. Führer wie Bechtolsheim und Shriram versorgten sie mit Wissen und Ratschlägen, die ihnen bei der Entscheidungsfindung halfen. Bechtolsheims anfängliche Hilfe war mehr als nur Geld; Es war eine Demonstration positiver Unterstützung, die den Eingängen dabei half, Spekulationen und Organisationen zu fördern. Shrirams Anleitung zu Geschäftsaufgaben und Entwicklungssystemen unterstützte Larry und Sergey bei der Skalierung ihrer Vision. Skalierungsaktivitäten Mit der zugrunde liegenden Subventionierung könnte Google Ressourcen in den Rahmen stecken, von dem erwartet wird, dass er seinem wachsenden Kundenstamm hilft. Sie kauften zusätzliche Server, erweiterten ihre Bestellkapazitäten und arbeiteten an ihren Kalkulationen. Diese Zeit der schnellen Skalierung war ausschlaggebend dafür, Google als solides und leistungsfähiges Websuchtool zu etablieren. Die Subventionierung ermöglichte es ihnen außerdem, andere Wege in Bezug auf neue Elemente und Upgrades zu erkunden, wodurch sichergestellt wurde, dass Google an der Spitze der Konkurrenz blieb. Ihr Schwerpunkt auf Entwicklung und Kundenerfahrung half ihnen dabei, sich von einem zuverlässigen Kundenstamm zurückzuziehen, der sich immer weiter dramatisch entwickelte. Fazit Für Larry Page und Sergey Brin war es ein entscheidender Moment, ihre denkwürdigste Spekulation zu bekommen. Die Hilfe von Andy Bechtolsheim und anderen frühen Geldgebern sorgte für die finanziellen Mittel und die Betreuung, die erwartet wurden, um Google von einem vielversprechenden Forschungsprojekt in ein florierendes Unternehmen zu verwandeln. Dieses zugrunde liegende Unterfangen begründete die schnelle Entwicklung und Weiterentwicklung von Google, positionierte das Unternehmen als Vorreiter auf dem Webcrawler-Markt und bereitete es auf seine zukünftigen Siege vor.Die Rolle des Coaches als Mentor spielte bei der ersten Wendung der Ereignisse bei Google eine wichtige Rolle. Obwohl Larry und Sergey besonders begabt und visionär waren, waren sie neu in der Geschäftswelt. Führer wie Bechtolsheim und Shriram versorgten sie mit Wissen und Ratschlägen, die ihnen bei der Entscheidungsfindung halfen. Bechtolsheims anfängliche Hilfe war mehr als nur Geld; Es war eine Demonstration positiver Unterstützung, die den Eingängen dabei half, Spekulationen und Organisationen zu fördern. Shrirams Anleitung zu Geschäftsaufgaben und Entwicklungssystemen unterstützte Larry und Sergey bei der Skalierung ihrer Vision.

Skalierungsaktivitäten Mit der zugrunde liegenden Subventionierung könnte Google Ressourcen in den Rahmen stecken, von dem erwartet wird, dass er seinem wachsenden Kundenstamm hilft. Sie kauften zusätzliche Server, erweiterten ihre Bestellkapazitäten und arbeiteten an ihren Kalkulationen. Diese Zeit der schnellen Skalierung war ausschlaggebend dafür, Google als solides und leistungsfähiges Websuchtool zu etablieren. Die Subventionierung ermöglichte es ihnen außerdem, andere Wege in Bezug auf neue Elemente und Upgrades zu erkunden, wodurch sichergestellt wurde, dass Google an der Spitze der Konkurrenz blieb. Ihr Schwerpunkt auf Entwicklung und Kundenerfahrung half ihnen dabei, sich von einem zuverlässigen Kundenstamm zurückzuziehen, der sich immer weiter dramatisch entwickelte. Fazit Für Larry Page und Sergey Brin war es ein entscheidender Moment, ihre denkwürdigste Spekulation zu bekommen. Die Hilfe von Andy Bechtolsheim und anderen frühen Geldgebern sorgte für die finanziellen Mittel und die Betreuung, die erwartet wurden, um Google von einem vielversprechenden Forschungsprojekt in ein florierendes Unternehmen zu verwandeln. Dieses zugrunde liegende Unterfangen begründete die schnelle Entwicklung und

Weiterentwicklung von Google, positionierte das Unternehmen als Vorreiter auf dem Webcrawler-Markt und bereitete es auf seine zukünftigen Siege vor.die sich dramatisch weiterentwickelte. Fazit Für Larry Page und Sergey Brin war es ein entscheidender Moment, ihre denkwürdigste Spekulation zu bekommen. Die Hilfe von Andy Bechtolsheim und anderen frühen Geldgebern sorgte für die finanziellen Mittel und die Betreuung, die erwartet wurden, um Google von einem vielversprechenden Forschungsprojekt in ein florierendes Unternehmen zu verwandeln. Dieses zugrunde liegende Unterfangen begründete die schnelle Entwicklung und Weiterentwicklung von Google, etablierte das Unternehmen als Vorreiter auf dem Webcrawler-Markt und bereitete es auf seine zukünftigen Siege vor.die sich dramatisch weiterentwickelte. Fazit Für Larry Page und Sergey Brin war es ein entscheidender Moment, ihre denkwürdigste Spekulation zu bekommen. Die Hilfe von Andy Bechtolsheim und anderen frühen Geldgebern sorgte für die finanziellen Mittel und die Betreuung, die erwartet wurden, um Google von einem vielversprechenden Forschungsprojekt in ein florierendes Unternehmen zu verwandeln. Dieses zugrunde liegende Unterfangen begründete die schnelle Entwicklung und Weiterentwicklung von Google, positionierte das

Unternehmen als Vorreiter auf dem Webcrawler-Markt und bereitete es auf seine zukünftigen Siege vor.

Subventionen erhalten und Nachhilfelehrer aufspüren

Der Ausflug von Larry Page und Sergey Brin, um Subventionen zu bekommen und Trainer zu finden, beinhaltete eine Mischung aus Klugheit, einer soliden Organisation und einer überzeugenden Vision für Google. Hier ist eine Aufschlüsselung ihrer Bemühungen: Bootstrapping und frühe Subventionierung: In den zugrunde liegenden Phasen waren Page und Brin für ihr Prüfungsprojekt BackRub auf die Vermögenswerte des Stanford College angewiesen. Sie wandten sich wahrscheinlich den Lehrern zu, um Hardware und Subventionen zu erhalten, und nutzten dabei die Stanford-Vereinigungen im Silicon Valley. Ein früher Erfolg war ein von einem ihrer Lehrer zusammengestellter 100.000-Dollar-Auftritt, ein einfaches Saatgutprojekt. Die Macht der Stanford-Organisation: Durch meine Tätigkeit in Stanford habe ich Zugang zu einer Organisation erfahrener Persönlichkeiten in den Bereichen Softwareentwicklung und Innovation erhalten. Diese Organisation hat wahrscheinlich eine Rolle dabei gespielt, sie mit möglichen Geldgebern und

Tutoren zusammenzubringen. Der Pitch, der Andy Bechtolsheim gewann: Ein entscheidender Moment kam, als sie Subventionen von Andy Bechtolsheim erhielten, einem Hauptunterstützer von Sun Microsystems. Bechtolsheim war fasziniert von ihrer Show und der wahren Leistungsfähigkeit von Google und überreichte ihnen einen Scheck über 100.000 US-Dollar, eine damals (Mitte 1998) riesige Summe. Investmentfirmen aufgepasst: Mit Bechtolsheims Spekulation und wachsender Präsenz zogen Page und Brin die Aufmerksamkeit namhafter Investmentfirmen wie Kleiner Perkins Caulfield und Byers and Sequoia Capital auf sich. Diese Organisationen führten schließlich 1999 eine Finanzierungsrunde in Höhe von 25 Millionen US-Dollar durch und verschafften Google damit die Vermögenswerte, von denen eine schnelle Skalierung erwartet wird. Mentoring und Anleitung: Obwohl explizite Trainer nicht sehr bekannt sind, gehen einige davon aus, dass ihre Stanford-Lehrer und Berater einen Einfluss auf die Anleitung gehabt haben könnten. Geldgeber wie Bechtolsheim boten wahrscheinlich auch wichtige Berater und Verbände. Aufbau von Verbindungen: Page und Brin konzentrierten sich wahrscheinlich auf ernsthafte Stärkebereiche für den Aufbau mit möglichen

Geldgebern und Beratern. Ihre Energie für das zentrale Ziel von Google und die unverkennbare Fähigkeit ihrer Innovationen waren Schlüsselfaktoren für die Gewinnung von Hilfe. Gelernte Beispiele: Die Geschichte von Page und Brin zeigt die Bedeutung von Kreativität, der Nutzung von Netzwerken und der Einführung einer überzeugenden Vision, um Subventionen und Mentoring zu erhalten. Es zeigt, wie eine solide Gruppe mit einem weltbewegenden Gedanken bereits in der Anfangsphase eines Startups enorme Hilfe in Anspruch nehmen kann.

Kapitel 6: Sich der Welt öffnen

Der Börsengang von Google und der Beginn einer anderen Zeit Die Entscheidung, Google an die Börse zu bringen, war ein gewaltiger Schritt, der für das Unternehmen den Beginn einer anderen Zeit bedeutete. Dieser Teil untersucht den vielschichtigen Verlauf des ersten Aktienverkaufs von Google (Börsengang), die damit verbundenen Schwierigkeiten und Debatten sowie die bahnbrechenden Auswirkungen, die er auf das Unternehmen und das Technologiegeschäft hatte. Vorbereitungen für den Börsengang Bis 2003 hatte sich Google grundlegend weiterentwickelt, war zum bekanntesten Webcrawler geworden und wagte sich in andere Geschäftsbereiche vor. Die Einnahmen der Organisation, hauptsächlich aus der kreativen AdWords-Werbung für das Programm, stiegen rasant. Ungeachtet dieses Erfolgs zögerten Larry Page und Sergey Brin zunächst, Google an die Börse zu bringen. Sie schätzten die Anpassungsfähigkeit und Kontrolle, die mit einem Privatunternehmen einhergingen, und gingen vorsichtig mit den Spannungen und Ermittlungen im Zusammenhang mit öffentlichen Wirtschaftssektoren um. Doch während sich Google weiterentwickelte, machten der Druck von Vertretern und frühen Geldgebern auf Liquidität und der Bedarf an zusätzlichem Cashflow zur Förderung der weiteren Expansion einen Börsengang unausweichlich. Im April 2004 dokumentierte Google seine S-1-Einstellungsvereinbarung mit der Protections and Trade Commission (SEC) und verkündete damit sein Ziel, sich der Welt zu öffnen. Der niederländische Closeout Durch ihre skurrile Methodik wählten Larry und Sergey einen niederländischen Closeout, um Aktien im Rahmen des Börsengangs zu kosten und abzugeben. Ziel dieser Strategie ist es, die Interaktion zu demokratisieren, einem größeren Kreis von Geldgebern die Teilnahme zu ermöglichen und möglicherweise einen attraktiveren Wert der Angebote zu gewährleisten. Bei einem Verkauf in den Niederlanden bieten Geldgeber für Aktien und legen dabei die Anzahl der Angebote und den zu zahlenden Wert fest. Der letzte Preis wird anhand des höchsten Preises ermittelt, zu dem jedes der angebotenen Angebote verkauft werden kann. Die Entscheidung, einen niederländischen Verkauf zu nutzen, stieß bei Money Road auf Unverständnis, da das Unternehmen eher mit herkömmlichen Börsengangsprozessen vertraut war. Experten argumentierten, dass die Tauschstrategie zu

Wertunvorhersehbarkeit und Verletzlichkeit führen könnte. Auf jeden Fall akzeptierten Larry und Sergey, dass dieser Ansatz mit den Vorteilen von Google in Bezug auf Geradlinigkeit und Vernünftigkeit übereinstimmt. Schwierigkeiten und Streitigkeiten Der Weg zum Börsengang war voller Schwierigkeiten und Diskussionen. Zu den Problemen gehörten Bedenken hinsichtlich der Doppelaktienstruktur von Google, die Larry, Sergey und Eric Schmidt, damals Chef, große Kontrolle über die Organisation einräumte, selbst nachdem sie sich der Welt geöffnet hatte. Diese Struktur gab ihnen 10 Stimmen für jedes Angebot, im Gegensatz zu einer Stimme für jedes Angebot für öffentliche Geldgeber, was sicherstellte, dass sie die Führung der Organisation innehatten. Darüber hinaus gab es legitime und administrative Hindernisse.Die Offenlegung spezifischer monetärer Daten durch Google in Interviews mit dem Playboy-Magazin, die Larry und Sergey kurz vor dem Börsengang gaben, wurde von der SEC geprüft, die den Beitrag verschob. Ungeachtet dieser Schwierigkeiten trieb Google seine Pläne für den Börsengang voran. Die Organisation musste ihre finanziellen Offenlegungen überarbeiten und zusätzliche administrative Anforderungen erfüllen, fand jedoch endlich heraus, wie diese Abschreckungsmittel beseitigt werden konnten.

Der mit Spannung erwartete Tag Am 19. August 2004 öffnete sich Google verbindlich der Welt und postete an der NASDAQ unter dem Tickerbild „GOOG". Der Börsengang wurde auf 85 US-Dollar pro Aktie geschätzt, und die Organisation brachte 1,67 Milliarden US-Dollar ein, womit Google einen Wert von rund 23 Milliarden US-Dollar hat. Die niederländische Glattstellungsstrategie führte entgegen den Bedenken zahlreicher Experten zu einem insgesamt reibungslosen Bewertungsprozess. Der Börsengang war ein voller Erfolg. Der Aktienkurs von Google schoss am ersten Börsentag in die Höhe und schloss bei 100,34 US-Dollar, was einem Anstieg von 17 % gegenüber dem Einlagepreis entspricht. Diese fruchtbare Präsentation markierte den Beginn des Aufstiegs von Google als öffentliche Organisation und bereitete ihn auf zukünftige Entwicklung und Erweiterung vor. Einfluss auf Google Die Öffnung gegenüber der Welt hatte erhebliche Auswirkungen auf Google. Die Kapitalflut aus dem Börsengang ermöglichte es dem Unternehmen, Ressourcen in neue Entwicklungen zu stecken, seine Produktbeiträge zu erhöhen und andere Unternehmen zu gewinnen. Zu den bedeutenden Akquisitionen nach dem Börsengang gehörten Android Inc., das zur Gründung des tragbaren

Betriebssystems von Google führen sollte, und YouTube, das Google zu einem wichtigen Bestandteil webbasierter Videos machen sollte. Der Börsengang war ebenfalls mit erweiterten Prüfungen und Anstrengungen verbunden, um eine zuverlässige finanzielle Ausführung zu gewährleisten. Google musste seine Verpflichtung zur Entwicklung und langfristigen Vision an die Anforderungen öffentlicher Investoren und Marktannahmen anpassen. Trotz dieser Schwierigkeiten konzentrierten sich Larry und Sergey darauf, mit der besonderen Kultur und Mission von Google Schritt zu halten. Die Tradition des Börsengangs Der Börsengang von Google war ein Meilenstein in der Technologiebranche. Es zeigte die Sinnhaftigkeit kreativer Aktionspläne angesichts der computergestützten Werbung und hob das Potenzial für neue Technologieunternehmen hervor, eine schnelle Entwicklung und kritische Bewertungen zu erreichen. Das Ergebnis des Börsengangs von Google motivierte ebenfalls ein neues Zeitalter von Geschäftsvisionären und Geldgebern und trug zur Entwicklung des Silicon Valley und des umfassenderen Technologieumfelds bei. Für Larry Page und Sergey Brin war der Börsengang eine Bestätigung ihrer Vision und ihrer schwierigen Arbeit. Es markierte den Beginn einer weiteren

Phase auf dem Weg von Google, in der die Organisation ihren Einfluss ausbauen und sich weiter verbessern würde, was letztendlich das Schicksal von Innovation und Datenzugriff prägen würde.Fazit Die Öffnung gegenüber der Welt war für Google ein entscheidendes Ereignis und hat es von einem sich schnell entwickelnden Startup zu einer bedeutenden öffentlichen Organisation gemacht. Durch den Börsengang wurden die finanziellen Mittel und die Marktzulassung bereitgestellt, die Google bei seinen ehrgeizigen Zielen unterstützen und für die weitere Expansion und Weiterentwicklung vorbereiten sollten. Trotz der Schwierigkeiten und Streitigkeiten unterstrich der erfolgreiche Börsengang die Fähigkeit von Larry Page und Sergey Brin, komplexe Finanz- und Verwaltungsszenarien zu erkunden und gleichzeitig ihrer Vision treu zu bleiben. Dieses entscheidende Ereignis markierte den Beginn einer neuen Ära für Google und ebnete den Weg für seine zukünftigen Erfolge und Auswirkungen auf die Welt.

Googles Börsengang und der Beginn einer anderen Zeit: Larry Page und Sergey Brins Wette

Der erste Aktienverkauf (Börsengang) von Google im Jahr 2004 war ein entscheidender Erfolg für Larry Page, Sergey Brin und die gesamte Technologiebranche. Es ging nicht nur darum, Kapital zu beschaffen; Es stellte eine weitere Ära dar, in der Web-Organisationen arbeiten und ungeheure Ausmaße erreichen konnten. Eine alternative Möglichkeit, mit der Öffnung gegenüber der Welt umzugehen: Anders als bei vielen herkömmlichen Börsengängen konzentrierten sich Page und Brin darauf, die Kontrolle über den Post-Börsengang des Unternehmens aufrechtzuerhalten. Sie führten eine außergewöhnliche Doppelklassenstruktur ein, die ihnen mehr demokratische Macht verschaffte, obwohl sie über einen größeren Teil der Unternehmensanteile verfügten. Dies stellte sicher, dass sie ihre langwierige Vision für Google weiter verfolgen konnten, ohne von vorübergehenden finanziellen Zielen gezwungen zu werden, auf die sich offene Geldgeber häufig konzentrieren. Die Wirkung des Börsengangs von Google: Der Börsengang war enorm effektiv und brachte mehr als 1,6 Milliarden US-Dollar ein. Es machte Google zu einem zentralen

Bestandteil des Technologiegeschäfts und machte Page und Brin zu Tycoons. Umso bedeutsamer ist, dass dadurch eine neue Zeit für Web-Organisationen eingeführt wurde. Googles einfallsreiche Art und Weise, mit dem Prozess des Börsengangs umzugehen, bereitete andere neue Technologieunternehmen darauf vor, sich der Welt zu öffnen, während sie gleichzeitig die Kontrolle behielten und sich auf die langfristige Entwicklung konzentrierten. Der Beginn einer anderen Zeit: Der Börsengang von Google löste einen Zustrom von Technologieunternehmen aus, die sich mit vergleichbaren Doppelklassen-Aktienstrukturen an ihnen orientierten. Dies ermöglichte es diesen Organisationen, sich auf Aufstiegs- und Langzeitwetten zu konzentrieren, ohne vorübergehenden Marktzwängen ausgesetzt zu sein. Diese neue Periode prägte die Entwicklung einer großen Zahl der Tech-Monster, die wir heute kennen, und kultivierte in verschiedenen Unternehmen eine Kultur des Fortschritts und der Störung. Eine Tradition der Entwicklung: Beim Börsengang von Google ging es nicht nur um monetäre Vorteile; Damit verbunden war die Festlegung der Zukunft der Organisation und ihrer Fähigkeit, ihre ehrgeizigen Ziele zu verfolgen. Die Wette von Page und Brin hat sich ausgezahlt, sowohl für sie als auch für die gesamte Tech-Szene. Ihre kreative Art, mit dem Prozess des Börsengangs umzugehen, trug dazu bei, die hochmoderne Technologiebranche zu formen und eine Kultur der langfristigen Vision und der unaufhörlichen Entwicklung zu kultivieren, die bis heute andauert. Experten sind jedoch auch der Ansicht, dass die Struktur der Aktien mit zwei Aktienklassen zu viel Kraft in den Besitz der Originatoren konzentriert und die Verantwortung der Anleger begrenzt.

Kapitel 7: Wachsende Skylines

Erweiterung und Entwicklung in der Vergangenheit Als Google eine gute Grundlage für seine Position als vorherrschender Web-Index legte, begannen Larry Page und Sergey Brin, neue Horizonte zu erforschen. Sie stellten sich Google als eine Forschungsorganisation vor, jedoch als eine Innovationskraft, mit der man rechnen muss, die für die Entwicklung in verschiedenen Bereichen gerüstet ist. Dieser Abschnitt befasst sich mit den Expansionsbemühungen von Google und seinem Vorstoß in verschiedene Bereiche, wodurch sich die Organisation in einen komplexen Innovationsgiganten verwandelt. Der Drang nach Verbesserung Schon in den guten alten Zeiten konzentrierten sich Larry und Sergey auf die Möglichkeit einer ununterbrochenen

Weiterentwicklung. Sie vertrauten darauf, dass das Unternehmen zur Unterstützung der Entwicklung und Relevanz von Google eine Differenzierung über sein zentrales Forschungsgeschäft hinaus erwartete. Diese Denkweise führte zur Entwicklung einer breiten Palette von Produkten und Dienstleistungen, die die Fähigkeiten von Google im Umgang mit Informationen, Berechnungen und kundenorientierten Plänen nutzten. Google AdWords und AdSense Googles zugrunde liegende Verbesserungsbemühungen wurden intensiv mit seinem Webindex verknüpft. AdWords wurde im Jahr 2000 eingeführt und veränderte die Online-Werbung, indem es Unternehmen ermöglichte, Anzeigen zu schalten, die auf die Interessen ihrer Kunden zugeschnitten waren. Das Vergütungs-pro-Klick-Modell stellte sicher, dass Werbetreibende zahlten, wenn Kunden auf ihre Werbeaktionen tippten, was es zu einer finanziell sinnvollen Lösung für Unternehmen machte, wenn alle gleichen Bedingungen erfüllt sind. Aufbauend auf dem Fortschritt von AdWords stellte Google 2003 AdSense vor. AdSense ermöglichte es Websitebetreibern, Google-Werbung auf ihren Websites anzuzeigen, was ihnen eine weitere Einnahmequelle verschaffte und gleichzeitig die Werbeorganisation von Google ausbaute. Diese

Veröffentlichungsphasen wurden zu wichtigen Einnahmequellen für Google und finanzierten seine verschiedenen Bemühungen und Entwicklungen. Gmail: E-Mail neu klassifizieren Im Jahr 2004 brachte Google Gmail auf den Markt, einen kostenlosen Online-E-Mail-Dienst, der wesentlich mehr Kapazität bot als bestehende E-Mail-Dienste. Die innovativen Elemente von Gmail, wie z. B. angespannte Diskussionen, starke Recherchekapazitäten und gründliche Spam-Filterung, heben es von der Konkurrenz ab. Die Hilfe erlangte sofort Verbreitung und wurde zu einer Grundlage für die Effizienztools von Google. Google Guides und Earth Google Guides, die 2005 herausgebracht wurden, veränderten die Art und Weise, wie Einzelpersonen an geografische Daten gelangten. Mit Highlights wie Turn-by-Turn-Routen, ständigen Verkehrsinformationen und Road View ist Google Guides zu einem wichtigen Tool für Kunden auf der ganzen Welt geworden. Google Earth, das noch im selben Jahr veröffentlicht wurde, bot einen virtuellen Globus, der es Kunden ermöglichte, detaillierte Satellitensymbole und geografische Informationen zu untersuchen, was die Präsenz von Google im Planungs- und Geodatenbereich weiter festigte. Akquisitionen: Das Erweiterungssystem von YouTube und Android umfasste wichtige Akquisitionen, um neue Geschäftsfelder zu erschließen und zu beherrschen. Im Jahr 2006 erwarb Google YouTube für 1,65 Milliarden US-Dollar und erkannte die Leistungsfähigkeit von Online-Videos.YouTube entwickelte sich sofort zur weltweit größten Video-Sharing-Plattform, erweiterte im Wesentlichen den Wirkungsbereich von Google und bot offene Türen. Im Jahr 2005 erwarb Google Android Inc., ein Schritt, der letztendlich das Geschäft mit tragbaren Geräten neu klassifizierte. Android, ein vielseitiges Open-Source-Betriebssystem, bot eine Alternative zu restriktiven Frameworks wie Apples iOS. Unter der Führung von Google wurde Android zum weltweit am weitesten verbreiteten mobilen Betriebssystem und trieb die Verbreitung von Mobiltelefonen und Anwendungen voran. Die Cloud: Google Drive und Google Docs Googles Einführung in die verteilte Datenverarbeitung begann mit Google Docs, einer Reihe von Online-Leistungstools, die Textverarbeitung, Buchhaltungsblätter und Einführungen umfassten. Google Docs wurde 2006 auf den Markt gebracht und ermöglichte die kontinuierliche gemeinsame Arbeit und den Austausch von Berichten, indem es herkömmliche arbeitsbereichsbasierte Programmierung wie Microsoft Office testete. Im

Jahr 2012 stellte Google Google Drive vor, eine verteilte Speicherverwaltung, die mit Google Docs koordiniert. Google Drive bot Kunden eine konsistente Methode zum Speichern, Zugreifen und Bereitstellen von Dateien auf allen Geräten, wodurch die Effizienz und Zusammenarbeit weiter verbessert wurde. Fantasievolle Unternehmungen: Google X und Moonshots Um bemerkenswerte Entwicklungen zu fördern, veröffentlichte Google im Jahr 2010 Google größten Schwierigkeiten der Welt. Zu den prominenten Projekten von Google Projekt Crackpot: Ein Projekt, das darauf abzielt, mithilfe von aufblasbaren Luftfahrzeugen in großer Höhe den Zugang zum Internet in entfernte Regionen zu ermöglichen. Waymo: Googles selbstfahrender Fahrzeugantrieb, der zum Vorreiter bei der Innovation unabhängiger Fahrzeuge geworden ist. Google Fibre und Network Da Google die Bedeutung der Webverfügbarkeit erkannte, startete Google im Jahr 2010 Google Fibre, das schnelle Web- und Linkverwaltungen anbietet. Google Fibre plante, die Grenzen der Breitbandgeschwindigkeit und -offenheit zu erweitern und ausgewählten städtischen Gebieten in den USA Internet mit Gigabit-Geschwindigkeit zur Verfügung zu stellen. Unternehmensumbau: Letters in Order Inc. Im Jahr 2015 durchlief Google einen umfassenden Unternehmensumbau und gründete eine weitere Muttergesellschaft namens Letters in Order Inc. Dieser Neuaufbau soll die Aktivitäten glätten und eine stärkere Aufmerksamkeit auf die verschiedenen Unternehmen und Unternehmen lenken Organisationen unter dem Dach von Letters in Order. Google wurde zu einem Partner von Letter Set, zusammen mit anderen Unternehmen wie Waymo, Verily (Biowissenschaften) und Calico (Biotech-Forschung). Fazit: Die Vision von Larry Page und Sergey Brin ging weit über die Schaffung des besten Web-Index der Welt hinaus. Ihr beharrlicher Drang nach Entwicklung und Erweiterung machte Google zu einem vielfältigen Innovationsgiganten. Indem Sie sich in Bereiche wie Werbung, E-Mail, Planung, Video, tragbare Arbeitsumgebungen wagen,Mit verteiltem Computing und modernster Forschung positionierte sich Google an vorderster Front des mechanischen Fortschritts. Diese Verbesserung stellte sicher, dass Google seine Entwicklung und Bedeutung fortsetzte und seine Rolle als Impulsgeber für Veränderungen und Weiterentwicklung in verschiedenen Unternehmen etablierte.

Erweiterung und Einführung von Buchstaben in Order Inc.: Larry Page und Sergey Brins aggressiver Schachzug

Bis 2015 hatte sich Google zu einem gigantischen Technologiekonzern entwickelt, der neben seinem Kerngeschäft mit Online-Suchtools auch eine Vielzahl anderer Unternehmen umfasste. Larry Page und Sergey Brin, immer die Pioniere, sahen eine großartige Chance, Aufgaben zu vereinfachen und die Leistungsfähigkeit dieser unterschiedlichen Unternehmungen freizusetzen. Dies führte 2015 zur Gründung von Letters in Order Inc., einem entscheidenden Wandel für Google und einer Demonstration der Vision von Page und Brin für das, was auf sie zukommt. Ziele hinter Enhancement: Google hatte sich weit über Hunt hinaus entwickelt und Abenteuer wie selbstfahrende Fahrzeuge (Waymo), Biowissenschaften (Verily) und Risikokapital (GV) integriert. Jede Aufgabe hatte besondere Anforderungen und erforderte unterschiedliche Verwaltungsstrukturen. Die Unterbringung dieser verschiedenen Unternehmungen unter einem Dach bei Google könnte ihre Entwicklung ruinieren und ihre Fähigkeit, sich erfolgreich zu behaupten, einschränken. Die Einführung von Letters in

Order Inc.: In einem erstaunlichen Schritt baute sich Google unter einer anderen Mutterorganisation namens Letters in Order Inc. neu auf. Google LLC blieb das Zentrum der Wirtschaft, der Hotelsuche, des Marketings und von Android. Letter Set wurde zum Dachverband, der Google LLC und alle seine „Moonshot"-Projekte (aggressive Unternehmungen mit möglicherweise problematischen Anwendungen) beherbergt. Vorteile der Reihenfolge der Buchstaben: Der Buchstabensatz gab jedem Abenteuer die Unabhängigkeit und die Vorteile, die es zum Gedeihen erwartete. Dies förderte den Fortschritt und ermöglichte es diesen Wagnissen, sich auf ihren jeweiligen Gebieten noch besser zu behaupten. Es befreite Google LLC auch von der Komplexität, die mit der Bewältigung einer Vielzahl unterschiedlicher Aufgaben verbunden ist, und ermöglichte es ihm, sich auf sein Kerngeschäft und sein Werbegeschäft zu konzentrieren. Die Vision von Page und Brin: Die Reihenfolge der Briefe spiegelte die langwierige Vision von Page und Brin für Google wider. Sie erkannten das Potenzial dieser „Moonshot"-Unternehmungen, verschiedene Unternehmen zu reformieren, und zögerten nicht, Ressourcen in sie zu stecken, unabhängig davon, ob sie unsicher waren. Das

Briefset bot ein Design, um diese Bemühungen zu unterstützen und gleichzeitig mit der zentralen Geschäftsstärke von Google Schritt zu halten. Eine Tradition der Entwicklung: Die Schaffung des Buchstabensatzes ermöglichte es Google, seinen Schwerpunkt auf Entwicklung beizubehalten und gleichzeitig eine Kultur der Untersuchung und des Eingehens von Risiken in seinen „Moonshot"-Projekten zu fördern. Dieser Ansatz hat zu einigen großen Fortschritten geführt, ähnlich wie bei der Innovation selbstfahrender Fahrzeuge durch Waymo. Ob alle Abenteuer erfolgreich sein werden, ist noch nicht klar, aber das Design von Letters in Order lässt ihnen den Raum, ihre aggressiven Ziele zu verfolgen. Auf jeden Fall kann die verwirrende Konstruktion von Letters in order ebenfalls getestet werden. Der Umgang mit verschiedenen Organisationen mit wechselnden Produktivitätsniveaus erfordert eine umsichtige Finanzverwaltung.

Kapitel 8: Erkundung der Debatte

Schwierigkeiten, Reaktionen und moralische Situationen Als sich Google von einem Web-Index-Startup zu einer weltweiten Innovationskraft entwickelte, mit der man rechnen muss, erlebte das Unternehmen Debatten und Schwierigkeiten. Von

Sicherheitsbedenken bis hin zu kartellrechtlichen Untersuchungen musste Google einen komplizierten Schauplatz moralischer Situationen und behördlicher Untersuchungen erkunden. In diesem Teil werden die absolut kritischsten Diskussionen untersucht, mit denen Google konfrontiert war, und wie das Unternehmen darauf reagierte. Sicherheitsbedenken Eine der ersten und stetigsten Reaktionen von Google konzentrierte sich auf den Schutz. Als Google seine Verwaltung ausweitete, sammelte es enorme Mengen an Kundendaten, was Bedenken hinsichtlich der Verwendung und des Schutzes dieser Daten aufkommen ließ. Suchinformationsschutz: Googles wesentliche Hilfe, Suche, intrinsisch ausführliche Beantwortung von Kundenfragen. Im Jahr 2006 verschärften sich die Sicherheitsbedenken, als AOL zufällig Suchinformationen von 650.000 Kunden übermittelte, was zeigte, dass Suchabfragen möglicherweise sensible Daten aufdecken könnten. Auch wenn es nicht Google war, das die Informationen lieferte, wurden die Sicherheitslücken im Zusammenhang mit Webcrawlern aufgezeigt. Gmail: Als Google Gmail im Jahr 2004 einführte, präsentierte es entsprechend dem E-Mail-Inhalt entsprechend gekennzeichnete Anzeigen und löste Warnungen zur E-Mail-Sicherheit aus. Experten behaupteten, dass das Überprüfen von Nachrichten auf Werbezwecke aufdringlich sei, obwohl Google verlangte, dass die Interaktion robotisiert sei und dass kein Mensch die Nachrichten der Kunden lesen dürfe. Google Road View: Im Jahr 2010 wurde aufgedeckt, dass die Road View-Fahrzeuge von Google zufällig WLAN-Informationen von privaten Organisationen gesammelt hatten, darunter auch individuelle Daten wie Nachrichten und Passwörter. Dies führte zu Untersuchungen und Bußgeldern durch verschiedene Verwaltungsbehörden und überzeugte Google, seine Sicherheitsstrategien und -praktiken zu verstärken. Kartellrechtliche Prüfungen Als sich die Stärke von Google im Markt für Verfolgung und Online-Werbung entwickelte, wurden auch Kontrollen von Verantwortlichen auf der ganzen Welt durchgeführt. EU-Kartellfälle: Die European Association war bei der Recherche zu Google besonders dynamisch. Im Jahr 2010 leitete die Europäische Kommission eine kartellrechtliche Untersuchung ein, in der es um Behauptungen ging, dass Google seine Marktbeherrschung falsch gehandhabt habe, indem es sich bei Fragen an seine Regierungen gewandt habe. Dies führte zu einer Reihe von Bußgeldern, wobei die höchste Strafe im Jahr 2017 eine Geldbuße in

Höhe von 2,42 Milliarden Euro wegen Neigung zu ihrer Einkaufsprüfungsverwaltung war. US-Kartellklagen: In den USA haben das Department of Equity (DOJ) und mehrere Staatsanwälte im Jahr 2020 Kartellklagen gegen Google erhoben und dem Unternehmen vorgeworfen, wettbewerbswidrige Strategien eingesetzt zu haben, um seine Ziele zu verfolgen und seine Stärke auszubauen. Diese Fälle waren wichtig für einen umfassenderen Vorstoß, die Kontrolle über die Macht der Huge-Tech-Organisationen zu erlangen. Reaktion auf kartellrechtliche Probleme: Google hat seine Werke zuverlässig geschützt,Sie behauptete, dass ihre Verwaltung den Kunden geholfen habe und dass ihre Marktbeherrschung auf die Qualität und Weiterentwicklung ihrer Produkte zurückzuführen sei. Das Unternehmen nahm zwar einige Anpassungen an seine Praktiken vor, zum Beispiel indem es Konkurrenten bei Einkaufslisten in der EU eine größere Durchlässigkeit verschaffte, sah sich jedoch weiterhin mit zunehmenden rechtlichen Schwierigkeiten konfrontiert. Moralische Probleme und Aufgaben Die Aufgaben von Google in China führten zu großen moralischen Problemen. Im Jahr 2010 zog Google seine Suchverwaltung aus China zurück und verwies auf Bedenken hinsichtlich Kontrolle und

Cyberangriffen. Dennoch wurde im Jahr 2018 bekannt, dass Google mit Venture Dragonfly zu tun hatte, einem Websuchtool mit blauem Stift für den chinesischen Markt. Interner und äußerer Fehlschlag: Die Enthüllung von Project Dragonfly löste bei den beiden Mitarbeitern und externen Experten große Reaktionen aus. Viele Google-Vertreter markierten einen Brief, in dem sie gegen das Unternehmen protestierten und behaupteten, dass es die moralischen Standards von Google missachtete. Auch Grundfreiheitenverbände kritisierten das Vorhaben mit der Begründung, es würde die staatliche Kontrolle und Beobachtung verstärken. Abschaffung von Dragonfly: Aufgrund des Fehlschlags hat Google 2019 schließlich Task Dragonfly eingestellt. Die Diskussion befasste sich mit den moralischen Schwierigkeiten, mit denen Technologieunternehmen konfrontiert sind, wenn sie in Branchen mit unerschwinglichen Systemen arbeiten, und betonte, wie wichtig es ist, trotz der Unternehmensqualitäten Schritt zu halten Geschäftspotenzial öffnet Türen. Probleme mit der Kultur und Vielfalt der Arbeitsumgebung Google war außerdem mit internen Streitigkeiten im Zusammenhang mit der Kultur und Vielfalt der Arbeitsumgebung konfrontiert. Vielfalt und Rücksichtnahme:

Obwohl Google als bahnbrechendes Unternehmen gilt, kämpfte es mit Problemen der Vielfalt und Integration. Berichte zeigten, dass die Belegschaft der Organisation überwiegend männlich war und große Darstellungen von Minderheitenversammlungen benötigte. Google unternahm Versuche, diese Probleme durch verschiedene Initiativen und Tests zu lösen, doch die Fortschritte waren langsam und die Forschung langwierig. James Damore Update: Im Jahr 2017 kritisierte der Google-Ingenieur James Damore in einer Mitteilung die Vielfalt der Strategien der Organisation und behauptete, dass natürliche Unterschiede zwischen Menschen Variationen in der Darstellung der Technologiebranche darstellten. Die Erinnerung löste eine herzliche Diskussion innerhalb von Google und im weiteren technischen Bereich aus. Google hat Damore schließlich gekündigt und zum Ausdruck gebracht, dass seine Ansichten im Widerspruch zu den Qualitäten und Regeln des Unternehmens stünden. In der Folge wurde jedoch der anhaltende Druck auf Vielfalt und Rücksichtnahme in der Technologiebranche deutlich. Gebührenpraktiken und Unternehmensverpflichtungen Google wurde wie andere internationale Partnerschaften bei seinen Kostenanalysen mit einer Analyse konfrontiert. Gebührenaversionsmethoden:

Google wurde vorgeworfen, komplexe Zahlungspläne anzuwenden, um seine Zollverbindlichkeiten in anderen Ländern zu begrenzen.Methoden wie das „Twofold Irish" und das „Dutch Sandwich" ermöglichten es Google, Vorteile über Niedrigpreisstandorte zu kanalisieren und so seinen allgemeinen Steuersatz zu senken. Administrative Reaktionen: Staaten auf der ganzen Welt haben alles Erdenkliche getan, um gegen diese Techniken der Steuerhinterziehung vorzugehen. Angesichts des zunehmenden Drucks erklärte sich Google bereit, in einigen Ländern Anklagen und Bußgelder zu übernehmen. Darüber hinaus sah sich die Organisation mit weitreichenderen Verwaltungsänderungen konfrontiert, beispielsweise mit dem Vorgehen der EU gegen Gebührenaversionspläne, von dem erwartet wurde, dass die Technologiegiganten ihren angemessenen Anteil an ihren Pflichten bezahlten. Fazit Die intensive Debatte und Analyse wurde zu einem unverzichtbaren Teil der Reise von Google, als sich das Unternehmen zu einem weltweiten Innovationspionier entwickelte. Die Organisation war mit großen Schwierigkeiten im Zusammenhang mit Schutz, Kartellrecht, moralischen Problemen, Arbeitskultur und Pflichtübungen konfrontiert. Jede Debatte stellte Googles Verpflichtung gegenüber seinen etablierten Standards auf die Probe und zwang es dazu, sich den verblüffenden realen Faktoren der Arbeit auf weltweiter Ebene zu stellen. Durch diese Begegnungen hat Google herausgefunden, wie man Entwicklung mit Verpflichtung ausgleichen kann, und sich bemüht, mit seinem Hauptziel Schritt zu halten, die Daten der Welt zu ordnen und sie allgemein offen und hilfreich zu machen, während man sich gleichzeitig um die Sorgen und Annahmen einer anderen Gruppe von Partnern kümmert.

Sicherheitsprobleme, Kartellstreitigkeiten und moralische Probleme

Der Ausflug von Larry Page und Sergey Brin mit Google verlief nicht ohne Schwierigkeiten. Während sie die Suche störten und die Entwicklung förderten, sah sich Google mit Kritik an Sicherheitsproblemen, kartellrechtlichen Bedenken und moralischen Problemen konfrontiert. Sicherheitsprobleme: Google sammelt eine große Menge an Kundeninformationen, um Listenelemente anzupassen, gezielt Werbung zu machen und an seinen Dienstleistungen zu arbeiten. Dies wirft Bedenken hinsichtlich der Sicherheit der Kunden und des möglichen Missbrauchs individueller Informationen auf. Kunden haben nur eingeschränkte Kontrolle darüber, welche Informationen gesammelt und wie sie verwendet werden, was zu Vorwürfen über lästige Informationssammlungsproben führt. Kartellrechtliche Auseinandersetzungen: Die Stärke von Google bei der Suche und seine Beherrschung des vielseitigen Android-Betriebssystems haben weltweit zu kartellrechtlichen Untersuchungen und Klagen geführt. Kontrolleure behaupten, dass die Praktiken von Google den Wettbewerb ersticken und entscheidende Kundenentscheidungen erschweren. Dies hat zu hohen Geldstrafen und anhaltenden Auseinandersetzungen vor Gericht geführt, da Staaten versuchen, die Macht und den Einfluss von Google zu kontrollieren. Moralische Probleme: Die Verwendung von Berechnungen durch Google zur Suchpositionierung und Inhaltsvorschläge wirft moralische Bedenken auf. Veranlagungen innerhalb von Berechnungen können die Trennung aufrechterhalten oder zur Verbreitung von Unwahrheiten führen. Darüber hinaus sieht sich die Organisation mit Schwierigkeiten hinsichtlich der Innovation der Gesichtserkennung und der Möglichkeit von Missbrauch bei der Beobachtung konfrontiert. Die Position von Page und Brin: Page und Brin haben sich im Allgemeinen auf Weiterentwicklung und Kundenerfahrung konzentriert, manchmal zu Lasten von Sicherheitsbedenken. Sie haben behauptet, dass die Informationsvielfalt wichtig sei, um die Verwaltung von Google zu unterstützen und ein besseres Kundenerlebnis zu bieten. Wie dem auch sei, als die Spannungen zunahmen, hat Google alles Erdenkliche getan, um die Kontrolle und Einfachheit der Kundendaten weiterzuentwickeln. Die Tradition dieser Schwierigkeiten: Diese Debatten prägen weiterhin Google und die Technologiebranche insgesamt. Sie werfen wichtige Fragen zum Informationsschutz, zur Macht der Tech-Goliaths und zu den moralischen Auswirkungen von Berechnungen auf. Während Page und Brin unwiderlegbar Wert auf Fortschritt legen, entwickelt sich Google kontinuierlich weiter, um diese grundlegenden Probleme zu lösen und mit dem Vertrauen der Öffentlichkeit Schritt zu halten. Es ist wichtig zu beachten, dass es sich hierbei um verwirrende Probleme handelt, für die es keine einfachen Lösungen gibt. Google versucht kontinuierlich, an seinen Praktiken zu arbeiten, die Diskussion um Schutz, Kartellrecht und Moral wird jedoch wahrscheinlich noch lange andauern.

Kapitel 9: Fortschritt nach der Jagd

Googles beeindruckende Bemühungen um modernste Fortschritte Während der Wohlstand von Google zunächst auf seinem zentralen Websuchtool beruhte, wurden Larry Page und Sergey Brin von einem Entwicklungstraum getrieben, der sich weit über die Verwirklichung hinaus erstreckte. Dieser Abschnitt untersucht Googles beharrliches Streben nach modernsten Fortschritten und seine starken Bemühungen in verschiedenen Bereichen, von computergestütztem Denken bis hin zu unabhängigen Fahrzeugen, mechanischer Technologie, medizinischer Versorgung und vielem mehr. Vom Menschen geschaffene Gehirnleistung und KI Google steht seit langem an der Spitze der vom Menschen geschaffenen Bewusstseins- (künstliche Intelligenz) und KI-Forschung. Projekte wie Google Cerebrum, die 2011 ins Leben gerufen wurden, konzentrierten sich auf die Entwicklung fundierter Lernberechnungen, die dazu geeignet sind, menschliches Wissen widerzuspiegeln. Googles simulierte Geheimdienstfortschritte haben eine Vielzahl von Produkten und Dienstleistungen vorangetrieben, von Spracherkennung und Sprachinterpretation bis hin zu Bilderkennung und normaler Sprachverarbeitung. TensorFlow: Im Jahr 2015 veröffentlichte Google öffentlich TensorFlow, eine starke KI-Struktur, die sich zu einer Grundlage für die Verbesserung der künstlichen Intelligenz auf der ganzen Welt entwickelt hat. TensorFlow ermöglichte es Spezialisten und Designern, Modelle künstlicher Intelligenz in großem Maßstab zusammenzustellen und zu vermitteln und so den Zugang zu modernsten computergestützten Intelligenzinnovationen zu demokratisieren. Unabhängige Fahrzeuge: Waymo Googles Projekt für selbstfahrende Fahrzeuge, Waymo, entstand 2009 aus seinem mysteriösen Google Durch gründliche Tests und iterative Abläufe hat Waymo große Erfolge erzielt und sich daran erinnert, eine große Anzahl unabhängiger Kilometer für öffentliche Straßen zurückgelegt zu haben. Im Jahr 2016 wurde Waymo eine unabhängige Tochtergesellschaft von Letters in Order Inc., der Muttergesellschaft von Google. Von diesem Zeitpunkt an hat Waymo in ausgewählten städtischen Gemeinden eine Unternehmensverwaltung für selbstfahrende Taxis ins Leben gerufen, was einen bedeutenden Schritt in die richtige Richtung bei der Verbesserung des unabhängigen Transports darstellt. Fortgeschrittene Mechanik und Robotisierung Google hat ebenfalls Ressourcen in die mechanische Technologie und Mechanisierung gesteckt und Anwendungen in verschiedenen Unternehmen untersucht, von der Montage über den Betrieb bis hin zu medizinischen Dienstleistungen. Projekte wie Boston Elements, das 2013 von Google beschafft wurde, konzentrierten sich auf die Entwicklung fortschrittlicher Mechanik-Innovationen, die für dynamische Vielseitigkeit und Kontrolle geeignet sind. Während Google Boston Elements im Jahr 2017 erstmals an SoftBank verkaufte, läuft seine Arbeit in der fortgeschrittenen Mechanik über verschiedene Antriebe innerhalb von Letters, wie Google Advanced Mechaniken und X. Diese Bemühungen bedeuten, die Grenzen der fortgeschrittenen Mechanik und der Computerisierung zu verschieben und so die Entwicklung voranzutreiben Bereiche wie Lagerroboterisierung, sorgfältig fortschrittliche Mechanik, und das ist erst der Anfang.Medizinische Dienstleistungen und Biowissenschaften Der Vorsprung von Google in den Bereichen medizinische Dienstleistungen und Biowissenschaften beruht auf seinem Hauptziel, den Zugang zu Daten weiterzuentwickeln und das menschliche Wohlbefinden zu fördern. Bei Projekten wie Verily (ehemals Google Life Sciences) geht es darum, Innovationen zur Bewältigung medizinischer Versorgungsprobleme zu nutzen, von der Erkennung und Antizipation von Krankheiten bis hin zur Offenlegung von Medikamenten und der klinischen Erforschung. Die Projekte von Verily umfassen zahlreiche Bereiche, darunter tragbare Gesundheitsgeräte, Infektionsaufklärung, klinische Bildgebung und Präzisionsmedikamente. Durch die Verbindung von informationsgesteuerten Erfahrungen mit modernster Innovation möchte Verily die medizinische Versorgung verändern und den Menschen ein besseres Leben ermöglichen. Moonshot-Aktivitäten: Google X Google Die Unternehmungen von Fall „Project Nut": Task Crackpot, eines der herausragendsten Projekte von Durch die Ausstrahlung von Internetverfügbarkeit aus der Stratosphäre versucht Venture Crackpot, die digitale Welt zu verbinden und Milliarden von Menschen auf der ganzen Welt miteinander zu verbinden. Wing: Eine weitere X-Aufgabe, Wing, konzentriert sich auf die Entwicklung innovativer Drohnentransporte, um geplante Abläufe und Transporte zu ändern. Die Roboter von Wing sind für den schnellen und produktiven Transport von Produkten ausgestattet und eignen sich daher ideal für abgelegene oder schwer erreichbare Regionen. Quantum Figures Google hat ein großes Interesse an der

Quantenverarbeitung gezeigt, einer fortschrittlichen Innovation mit der Möglichkeit, komplexe Probleme zu lösen, die über die Reichweite herkömmlicher PCs hinausgehen. Im Jahr 2019 garantierte Google eine beispiellose Quantenqualität – die Fähigkeit eines Quanten-PCs, ein Projekt zu bewältigen, das für PCs alter Bauart undenkbar wäre. Die Quantenberechnungsbemühungen von Google, die von seinem simulierten Quantum-Intelligence-Labor vorangetrieben werden, zielen darauf ab, die Kraft der Quantenmechanik zu zügeln, um zertifizierbare Probleme in Bereichen wie Materialwissenschaft, Kryptographie und Technologie zu bewältigen. Während sich die Quantenregistrierung noch in der Anfangsphase befindet, stellen die Fortschritte von Google einen bedeutenden Schritt in die richtige Richtung auf dem Weg zu realisierbaren Quanteninnovationen dar. Fazit Googles Streben nach Weiterentwicklung unterstreicht seine Verpflichtung, die Grenzen der Innovation zu erweitern und sich um einen Teil der größten Herausforderungen der Welt zu kümmern. Von menschengemachtem Denken und unabhängigen Fahrzeugen bis hin zu mechanischer Technologie, medizinischer Versorgung und Quantenverarbeitung – Googles beeindruckende Bemühungen um hochmoderne

Innovationen spiegeln seine führende Seele und Vision für eine bessere Zukunft wider. Durch die Nutzung seiner Fähigkeiten in den Bereichen Informationen, Berechnungen und kundenorientierte Pläne,Google treibt weiterhin die Entwicklung voran und prägt den Verlauf des mechanischen Fortschritts, was erhebliche Auswirkungen auf die Gesellschaft und die Welt insgesamt hat.

Googles Moonshots: Von selbstfahrenden Fahrzeugen zu simulierter Intelligenz

Wie Larry Page und Sergey Brin vermutet haben, hat sich Google (derzeit unter Letter Set) zu einem beliebten Ort für nervöse Gedanken entwickelt, der über sein Kerngeschäft hinausgeht. Diese aggressiven Aufgaben, die häufig als „Moonshots" bezeichnet werden, dringen in unbekannte Bereiche vor und bergen die Möglichkeit, verschiedene Unternehmen zu stören. Wir sollten einen Teil der Mondschüsse von Google und die Wirkung, die sie erzielen wollen, untersuchen: Waymo: Selbstfahrende Fahrzeuge Ziel: Unabhängige Fahrzeuge für den individuellen und öffentlichen Transport entwickeln und versenden. Einfluss: Verärgerung des Transportwesens durch Bereitstellung sichererer, produktiverer und offener Portabilitätsvereinbarungen. Aktueller Status: Waymo ist ein Hauptakteur im Bereich der Innovation selbstfahrender Fahrzeuge, leitet Vorbereitungen und bietet eingeschränkte Geschäftsverwaltungen an bestimmten Standorten an. DeepMind: Vom Menschen geschaffene Intelligenz. Ziel: Förderung der Fähigkeiten des vom Menschen geschaffenen Denkens (computerbasierte Intelligenz), um verwirrende Probleme in verschiedenen Bereichen zu lösen. Einfluss: Künstliche Intelligenz fördern, die logische Schwierigkeiten bewältigen, medizinische Dienste weiterentwickeln und möglicherweise menschliches Wissen in eindeutigen Bereichen übertreffen kann. Ebbe und Flut-Status: DeepMind hat entscheidende Schritte in der Forschung zur künstlichen Intelligenz unternommen und einen Sprung nach vorn bei der Proteinzerlegung, dem Spielen und der Sprachbeschaffung gemacht. Flügel: Robotertransport Ziel: Förderung eines geschützten und produktiven Robotertransportnetzwerks für Waren und Pakete. Einfluss: Umgehungsstrategien durch schnellere und praktischere Transportoptionen, insbesondere in abgelegenen oder verstopften Regionen. Aktueller Status: Wing hat erfolgreiche vorbereitende Vorbereitungen für die Beförderung von Robotern in Sperrgebieten durchgeführt und arbeitet derzeit an behördlichen Genehmigungen für eine umfassendere Aufnahme. X (The Moonshot Plant): A Scope of Imaginative Endeavors Center: Untersuchen Sie verschiedene Moonshot-Gedanken, einschließlich medizinischer Dienste (Verily), Internetverfügbarkeit (Task Nut-Fall) und Lebensdauerforschung (Calico). Einfluss: Die potenziellen Anwendungen variieren je nach Unterfangen, doch alle zielen darauf ab, kritische Probleme anzugehen und am Leben des Einzelnen zu arbeiten. Aktueller Status: X verfügt über eine Reihe von Moonshots in verschiedenen Transformationsphasen, von denen einige vielversprechende Ergebnisse erzielen, während andere sich noch in der frühen Erkundungsphase befinden. Die Tradition der Moonshots: Die Vision von Page und Brin für Moonshots hat eine Entwicklungskultur bei Google (derzeit Letter Set) gefördert. Es ermöglicht ihnen die Suche nach bedeutsamen Gedanken mit der Möglichkeit, die Welt grundlegend zu beeinflussen. Auch wenn nicht alle Moonshots dauerhaften Erfolg haben werden, führt die eigentliche Untersuchung zu bedeutenden Enthüllungen und Fortschritten. Schwierigkeiten und Überlegungen: Moonshots beinhalten häufig komplexe Spezialsprünge und erfordern kritische Spekulationen mit fragwürdigen Ergebnissen. Moralische Überlegungen zu computergestützter Intelligenz und anderen Fortschritten erfordern eine sorgfältige Bewertung und eine kompetente Umsetzung der Ereignisse.Damit Moonshot-Unternehmen einen positiven Effekt erzielen, ist es dringend erforderlich, Entwicklung mit sozialer Verpflichtung in Einklang zu bringen. Googles

Moonshots versprechen, Grenzen zu überschreiten und mit Schwierigkeiten umzugehen. Auch wenn die Zukunft dieser Aufgaben ungewiss ist, bergen sie die Möglichkeit, die Zukunft auf spannende Weise zu gestalten.

Kapitel 10: Wohltätigkeit und soziale Wirkung

Die Verpflichtung von Google, Gegenleistungen zu erbringen und etwas zu bewirken. Google hat über seine Kerngeschäfts- und technischen Entwicklungen hinaus Stärken in Bezug auf Großzügigkeit und soziale Wirkung bewiesen. In diesem Teil werden die Bemühungen von Google untersucht, seine Stärken, sein Können und seine kreative Seele zu nutzen, um kulturelle Herausforderungen anzugehen und ein positives Ergebnis auf dem Planeten zu erzielen. Google.org: Soziale Großartigkeit vorantreiben Google.org, der gemeinnützige Zweig von Google, wurde 2005 mit dem Ziel gegründet, durch Innovation und Entwicklung weltweite Probleme anzugehen. Durch wichtige Auszeichnungen, Organisationen und Aktionen möchte Google.org bedeutende Veränderungen in Bereichen wie Bildung, finanzieller Öffnung, medizinischer Versorgung und Notfallmaßnahmen vorantreiben. Auszeichnungen und Spekulationen: Google.org vergibt Auszeichnungen und Projekte an Wohltätigkeitsorganisationen, soziale Einrichtungen und Forschungseinrichtungen, die sich mit einfallsreichen Lösungen für große Probleme befassen. Diese Auszeichnungen unterstützen Initiativen, die von der Weiterentwicklung des Zugangs zu Schul- und Gesundheitsdiensten bis hin zur Pflege der natürlichen Wartbarkeit und der Linderung von Katastrophen reichen. Google für Non-Profit-Organisationen: Google für Wohltätigkeitsorganisationen bietet qualifizierten Wohltätigkeitsorganisationen kostenlosen oder begrenzten Zugang zu Dienstleistungen und Dienstleistungen an. Dazu gehören G Suite for Non-Profits, Google Promotion Awards und das YouTube Charitable Program, das Wohltätigkeitsorganisationen einbezieht, um ihre Wirkung zu verstärken und ein größeres Publikum zu erreichen. Notfallreaktion und Katastrophenhilfe Google Plays hatte einen erheblichen Einfluss auf Notfallreaktions- und Katastrophenhilfeprojekte auf der ganzen Welt. Über Geräte wie Google Emergency Reaction, Google Guides und Google Individual Locater stellt die Organisation bei Krisen, katastrophalen Ereignissen und philanthropischen Notfällen grundlegende Daten und Ressourcen bereit. Maßnahmen zur Katastrophenbekämpfung: Das Emergency Reaction-Team von Google arbeitet mit Gesetzgebern, NGOs und lokalen Netzwerken zusammen, um bei Notfällen ideale Informationen, Leitfäden und Ressourcen bereitzustellen. Dies beinhaltet kontinuierliche Aktualisierungen zu Abgangskursen, Versicherungsgebieten und Notfallverwaltungen und hilft betroffenen Netzwerken dabei, weitergebildet und verbunden zu bleiben. Googles Debakel-Großzügigkeit: Google.org unterstützt außerdem Katastrophenhilfeprojekte durch Geldprämien und Sachspenden. Ob bei der Bewältigung von Stürmen, Erdbeben, außer Kontrolle geratenen Bränden oder anderen Krisen: Google.org arbeitet mit Organisationen vor Ort zusammen, um Hilfe zu leisten und Wiederaufbaubemühungen zu unterstützen. Google Effect Challenge Die Google Effect Challenge ist eine Initiative, die es Wohltätigkeitsorganisationen und sozialen Bestrebungen ermöglicht, kreative Antworten auf komplexe kulturelle Probleme zu finden. In einem Verdrängungszyklus präsentieren Verbände Empfehlungen für Projekte, die Innovationen nutzen, um große Probleme in ihren Netzwerken zu lösen. Subventionierung und Mentoring: Die Gewinner der Google Effect Challenge erhalten Finanzmittel und Unterstützung von Google, um ihre Aufgaben auszuführen. Dies kann Geldprämien, die Zulassung zu Forschungsressourcen und Meisterschaften umfassen.und Mentoring durch Google-Vertreter. Ziel ist es, kreative

Arrangements zu katalysieren und ihre Wirkung für einen umfassenderen kulturellen Nutzen zu skalieren. Frühere Wirkungsprobleme: Frühere Google-Wirkungsprobleme konzentrierten sich auf andere Themen wie eine finanzielle offene Tür, ökologische Wartbarkeit und Orientierungsgerechtigkeit. Erfolgreiche Projekte haben sich von Initiativen zur Einbindung von Unternehmensvisionären für Frauen und der Weiterentwicklung des Zugangs zu sauberem Wasser bis hin zu Bemühungen zur Bekämpfung von Umweltveränderungen und zur Förderung computergestützter Kompetenzen entwickelt. Natürliche Verwaltbarkeit Google konzentriert sich darauf, die natürliche Wirkung einzuschränken und die Bemühungen zur Verwaltbarkeit voranzutreiben. Das Unternehmen möchte seine Serverfarmen und Arbeitsplätze mit nachhaltiger Energie betreiben, seinen CO_2-Ausstoß verringern und durch seine Produkte und Aufgaben den Umweltschutz vorantreiben. Spekulationen über umweltfreundliche Energie: Google hat sich stark an umweltfreundlichen Energieprojekten interessiert, zum Beispiel an Solar- und Windfarmen, um seine Aktivitäten mit sauberer Energie voranzutreiben. Diese Projekte tragen dazu bei, die Emission ozonschädlicher Stoffe zu verringern und den Fortschritt hin zu einer kohlenstoffarmen Wirtschaft zu unterstützen. CO_2-neutrale Aufgaben: Google hat sich ebenfalls zum Ziel gesetzt, bei seinen weltweiten Aktivitäten CO_2-neutral zu sein und seine Nebenprodukte aus fossilen Brennstoffen durch Beteiligungen an nachhaltigen Energieunternehmen und CO_2-Ausgleichsprogrammen auszugleichen. Außerdem versucht Google, die Energieproduktivität in seinen Serverfarmen und Büros weiter zu steigern, um den natürlichen Eindruck weiter zu verringern. Fazit Googles großzügige Bemühungen und soziale Wirkungsbemühungen spiegeln seine Verpflichtung wider, Innovationen zum Wohle des Planeten voranzutreiben. Durch Google.org, Notfallreaktionsaktionen, die Google Effect Challenge und natürliche Unterstützungsbemühungen nutzt Google seine Stärken, sein Können und seinen Erfindergeist, um drückende kulturelle Schwierigkeiten anzugehen und positive Veränderungen voranzutreiben. Durch die Zusammenarbeit mit gemeinnützigen Verbänden, Staaten und lokalen Netzwerken möchte Google Einzelpersonen einbeziehen, das Leben weiterentwickeln und eine praktischere und gerechtere Zukunft für alle schaffen.und den ökologischen Umgang durch seine Aufgaben und Aufgaben voranzutreiben.

Spekulationen über umweltfreundliche Energie: Google hat sich stark an umweltfreundlichen Energieprojekten interessiert, zum Beispiel an Solar- und Windfarmen, um seine Aktivitäten mit sauberer Energie voranzutreiben. Diese Projekte tragen dazu bei, die Emission ozonschädlicher Substanzen zu verringern und den Fortschritt hin zu einer kohlenstoffarmen Wirtschaft zu unterstützen. CO_2-neutrale Aufgaben: Google hat sich ebenfalls zum Ziel gesetzt, bei seinen weltweiten Aktivitäten CO_2-neutral zu sein und seine Nebenprodukte aus fossilen Brennstoffen durch Beteiligungen an nachhaltigen Energieunternehmen und CO_2-Ausgleichsprogrammen auszugleichen. Außerdem versucht Google, die Energieproduktivität in seinen Serverfarmen und Büros weiter zu steigern, um den natürlichen Eindruck weiter zu verringern. Fazit Googles großzügige Bemühungen und soziale Wirkungsbemühungen spiegeln seine Verpflichtung wider, Innovationen zum Wohle des Planeten voranzutreiben. Durch Google.org, Notfallreaktionsaktionen, die Google Effect Challenge und natürliche Unterstützungsbemühungen nutzt Google seine Stärken, sein Können und seinen Erfindergeist, um drückende kulturelle Schwierigkeiten anzugehen und positive Veränderungen voranzutreiben. Durch die Zusammenarbeit mit gemeinnützigen Verbänden, Staaten und lokalen Netzwerken möchte Google Einzelpersonen einbeziehen, das Leben weiterentwickeln und eine praktischere und gerechtere Zukunft für alle schaffen.und den ökologischen Umgang durch seine Aufgaben und Aufgaben voranzutreiben. Spekulationen über umweltfreundliche Energie: Google hat sich stark an umweltfreundlichen Energieprojekten interessiert, zum Beispiel an Solar- und Windfarmen, um seine Aktivitäten mit sauberer Energie voranzutreiben. Diese Projekte tragen dazu bei, die Emission ozonschädlicher Stoffe zu verringern und den Fortschritt hin zu einer kohlenstoffarmen Wirtschaft zu unterstützen. CO_2-neutrale Aufgaben: Google hat sich ebenfalls zum Ziel gesetzt, bei seinen weltweiten Aktivitäten CO_2-neutral zu sein und seine Nebenprodukte aus fossilen Brennstoffen durch Beteiligungen an nachhaltigen Energieunternehmen und CO_2-Ausgleichsprogrammen auszugleichen. Außerdem versucht Google, die Energieproduktivität in seinen Serverfarmen und Büros weiter zu steigern, um den natürlichen Eindruck weiter zu verringern. Fazit Googles großzügige Bemühungen und soziale Wirkungsbemühungen spiegeln seine Verpflichtung wider, Innovationen zum Wohle des Planeten voranzutreiben. Durch Google.org, Notfallreaktionsaktionen, die Google Effect Challenge und natürliche Unterstützungsbemühungen nutzt Google seine Stärken, sein Können und seinen Erfindergeist, um drückende kulturelle Schwierigkeiten anzugehen und positive Veränderungen voranzutreiben. Durch die Zusammenarbeit mit gemeinnützigen Verbänden, Staaten und lokalen Netzwerken möchte Google Einzelpersonen einbeziehen, das Leben weiterentwickeln und eine praktischere und gerechtere Zukunft für alle schaffen.

Mit Fülle und Wirkung für weltweites Großes

Larry Page und Sergey Brin, Mitgönner von Google (derzeit unter Letter Set), haben durch ihre mechanischen Unternehmungen eine riesige Fülle angehäuft. Über ihr Engagement in der Technologiewelt hinaus haben sie ihre Ressourcen auch zur Lösung globaler Probleme eingesetzt, ihre Methodik hat jedoch gemischte Reaktionen hervorgerufen. Großzügige Bemühungen: Schwerpunkte: Beide haben sich für unterschiedliche Zwecke eingesetzt, wobei sich Brin aufgrund des Zustands seiner Mutter energisch auf die Erforschung von Parkinson konzentrierte. Page tendiert zu umfassenderen Bereichen wie

Umweltveränderungen und nachhaltigen Energieregelungen. Schenkungssummen: Vor ihrer Berufung waren sie für große Schenkungen bekannt. Beispielsweise leistete Brin den größten individuellen Beitrag zur Erforschung der Parkinson-Krankheit. Allerdings haben sich ihre Vorbilder in letzter Zeit verändert. Einrichtungen: Sie haben gemeinnützige Einrichtungen gegründet, zum Beispiel das Sergey Brin Family Establishment und das Carl Victor Page Dedication Establishment. Reaktionen und Überlegungen: Umzugsbedürfnisse: In letzter Zeit gab es Anfragen bezüglich der Kürzung ihrer öffentlichen Spenden. Konzentrieren Sie sich auf „Moonshot"-Abenteuer: Einige sind der Meinung, dass ihre Vermögenswerte besser auf angelegte Grundlagen abgestimmt werden könnten als auf problematische Moonshot-Projekte mit zweifelhaften kulturellen Vorteilen. Unkompliziertheit und Wirkungsabschätzung: Es kann sein, dass die Art und Weise, wie ihre Einrichtungen Vermögenswerte kennzeichnen und die Wirkung ihrer Spenden messen, nicht eindeutig ist. Positive Aspekte: Große Verpflichtungen: Ihre bisherigen Gaben haben zweifellos zu bedeutenden Erkundungen und Taten geführt. Konzentrieren Sie sich auf Langstreckenvereinbarungen: Ihr Vorteil bei Moonshot-Projekten zur Bewältigung weltweiter Herausforderungen wie Umweltveränderungen könnte einen Sprung nach vorne mit nachhaltiger Wirkung ermöglichen. Andere aufrütteln: Ihre Wohltätigkeitsorganisation ist ein Vorbild für andere wohlhabende Menschen, die ihr Vermögen für positive Veränderungen einsetzen. Insgesamt: Der Umgang von Larry Page und Sergey Brin mit Großmut ist kompliziert. Während ihre anfänglichen Begabungen beträchtlich waren, werfen der jüngste Rückgang und ihre Aufmerksamkeit für Moonshot-Projekte Probleme auf. Auf jeden Fall haben ihre Bemühungen zweifellos zu positiven Veränderungen beigetragen, und ihr Modell motiviert weiterhin andere. Es ist wichtig zu beachten, dass Großzügigkeit eine individuelle Entscheidung ist und dass die Entscheidung, wie man seinen Reichtum nutzt, letztendlich von ihm selbst abhängt. Dennoch sind Unkompliziertheit und quantifizierbare Wirkung entscheidend für den Erfolg des Spendens.

Kapitel 11: Verwaltungsstile

Untersuchung des Umgangs von Larry Page und Sergey Brin mit der Verwaltung Larry Page und Sergey Brin, die wichtigsten Unterstützer von Google, brachten jeweils außergewöhnliche Autoritätsstile in die Organisation ein und prägten deren Lebensweise, Werte und Ausrichtung. In diesem Abschnitt werden ihre besonderen Initiativenstile, die Auswirkungen auf den Fortschritt von Google und die Beispiele untersucht, die aus ihrer bevorstehenden Verwaltung gewonnen wurden. Larry Page: Visionär und Wegbereiter Larry Page, Googles wichtigster Unterstützer und früherer Präsident, ist für seine visionäre Autorität und seine fantasievolle Einstellung bekannt. Der Initiativestil von Page wird durch markante Gedanken, langfristiges Denken und ein beharrliches Streben nach Entwicklung beschrieben. Höhere Perspektive Begründung: Page ist ein Mastermind mit 10.000-Fuß-Ansichten, der Perspektiven sieht, wo andere Grenzen sehen. Er ermöglicht beeindruckende Gedanken und Mondprojekte, die die Grenzen des Vorstellbaren sprengen und Googles Lebensweise des Fortschritts und des Versuchs und Irrtums vorantreiben. Artikelkonzentration: Auf der Seite geht es sehr intensiv um Artikel und Kundenerlebnisse. Er hat Vertrauen darin, den Kunden in den Mittelpunkt zu stellen und Produkte herzustellen, die das Leben des Einzelnen wirklich beeinflussen. Die Betonung der Produktgröße durch Page hat zur Entwicklung berühmter Google-Produkte wie Hunt, Gmail und Android geführt. Langfristige Vision: Page ist bekannt für seine weitreichende Vision und seine Bereitschaft, Ressourcen in Projekte mit zweifelhaften Ergebnissen zu stecken. Er konzentriert sich auf Projekte, die das Potenzial für große Auswirkungen haben, unabhängig davon, ob das Ergebnis nicht schnell eintrifft. Diese wesentliche Art, mit der Entwicklung umzugehen, hat Google dabei geholfen, am Ball zu bleiben und zukünftige Muster zu antizipieren. Stärkung und Unabhängigkeit: Page setzt darauf, Gruppen zu befähigen und ihnen die Unabhängigkeit zu geben, ihren Gedanken nachzugehen. Er unterstützt eine Kultur der Unabhängigkeit, des Eigentums und der Verantwortung, in der sich die Vertreter engagieren, sich Herausforderungen zu stellen und keine Angst vor Enttäuschungen zu haben. Herausforderungen: Der Initiativestil der Seite kann manchmal als übermäßig aggressiv oder von alltäglichen Aufgaben getrennt angesehen werden. Seine Aufmerksamkeit für Mondflüge und Langstreckenunternehmungen könnte Druck auf Menschen ausüben, die sich auf vorübergehende Ergebnisse oder funktionelle Wirksamkeit konzentrieren. Sergey Brin: Interesse und wissenschaftliche Akribie Sergey Brin, Googles Hauptunterstützer, hat einen Initiativestil, der sich durch Interesse, wissenschaftliche Gründlichkeit und die Garantie auszeichnet, die Grenzen von Information und Entwicklung zu verschieben. Interesse und Nachforschungen: Brin wird von Interesse und Informationshunger angetrieben. Er fördert Nachforschungen, Versuch und Irrtum und wissenschaftliches Interesse und akzeptiert, dass Vorwärtssprünge häufig von überraschenden Punkten ausgehen. Brins Aufgeschlossenheit gegenüber bahnbrechenden Gedanken und sein Eifer, die Standard-Denkweise in Frage zu stellen, haben Googles Entwicklungsleben geprägt. Informationsgesteuerte, unabhängige Führung: Brin ist bekannt für seinen aufschlussreichen Umgang mit der Navigation.Er ist auf Informationen und Beweise angewiesen, um Entscheidungen zu beleuchten, und bevorzugt genaue Beweise gegenüber Instinkt oder Vorahnung. Brins Verpflichtung zur informationsgesteuerten Ausrichtung hat Google dabei geholfen, fundierte Schlüsselentscheidungen zu treffen und sich auf

Antriebe im Lichte ihrer möglichen Auswirkungen zu konzentrieren. Gelehrte Bescheidenheit: Brin verkörpert wissenschaftliche Bescheidenheit, da er erkennt, dass er nicht alle Antworten kennt und dass es noch etwas zu lernen gibt. Er fördert eine Kultur der Diskussion, der Ansprache und des entscheidenden Denkens, in der Gedanken gründlich geprüft und verfeinert werden. Zusammenarbeit und Zusammenarbeit: Brin schätzt koordinierte Anstrengung und Zusammenarbeit und ist sich bewusst, dass Fortschritt häufig aus unterschiedlichen Sichtweisen und gemeinsamer Anstrengung entsteht. Er fördert ein umfassendes und kooperatives Klima, in dem sich die Vertreter verpflichtet fühlen, ihre Gedanken und ihr Können einzubringen. Herausforderungen: Brins Autoritätsstil kann hin und wieder als übermäßig aufschlussreich oder abweisend für tiefgründige Überlegungen angesehen werden. Seine Betonung der informationsgesteuerten Navigation und der wissenschaftlichen Akribie könnte die Bedeutung von Instinkt, Sympathie und menschlichen Verbindungen in der Verwaltung außer Acht lassen. Gelernte Illustrationen Die Initiativstile von Larry Page und Sergey Brin spiegeln ihre korrelativen Vorzüge und Methoden wider, mit der

Entwicklung umzugehen. Während Page der Visionär ist, der markante Gedanken und langfristige Visionen vorantreibt, bringt Brin wissenschaftliches Interesse, aufschlussreiche Gründlichkeit und die Bereitschaft zur Untersuchung mit. Gemeinsam haben sie die Lebensweise und Werte von Google geprägt und ein Gefühl der Entwicklung, der gemeinsamen Anstrengung und des wissenschaftlichen Interesses gefördert. Wichtige Beispiele: Umfassen Sie starke Gedanken und langfristiges Denken, um die Entwicklung voranzutreiben. Ermöglichen Sie Gruppen und fördern Sie eine Kultur der Unabhängigkeit, des Besitzes und der Verantwortung. Konzentrieren Sie sich auf das Kundenerlebnis und die Qualität der Artikel, um eine deutliche Wirkung zu erzielen. Schätzen Sie wissenschaftliches Interesse, logische Gründlichkeit und informationsgesteuerte unabhängige Ausrichtung. Fördern Sie gemeinsame Anstrengungen, Gedankenvielfalt und wissenschaftliche Bescheidenheit, um Entwicklung und Innovationskraft voranzutreiben. Indem Verbände es schaffen und sich die Qualitäten beider Verwaltungsstile zu eigen machen, können sie eine Kultur des Fortschritts, der koordinierten Anstrengungen und des beharrlichen Fortschritts entwickeln und so die wirtschaftliche Entwicklung und

Wirkung in einer sich schnell entwickelnden Welt vorantreiben.zu erkennen, dass Fortschritt häufig aus unterschiedlichen Gesichtspunkten und gemeinsamer Anstrengung resultiert. Er fördert ein umfassendes und kooperatives Klima, in dem sich die Vertreter verpflichtet fühlen, ihre Gedanken und ihr Können einzubringen. Herausforderungen: Brins Autoritätsstil kann hin und wieder als übermäßig aufschlussreich oder abweisend für tiefgründige Überlegungen angesehen werden. Seine Betonung der informationsgesteuerten Navigation und der wissenschaftlichen Akribie könnte die Bedeutung von Instinkt, Sympathie und menschlichen Verbindungen in der Verwaltung außer Acht lassen. Gelernte Illustrationen Die Initiativstile von Larry Page und Sergey Brin spiegeln ihre korrelativen Vorzüge und Methoden wider, mit der Entwicklung umzugehen. Während Page der Visionär ist, der markante Gedanken und langfristige Visionen vorantreibt, bringt Brin wissenschaftliches Interesse, aufschlussreiche Gründlichkeit und die Bereitschaft zur Untersuchung mit. Gemeinsam haben sie die Lebensweise und Werte von Google geprägt und ein Gefühl der Entwicklung, der gemeinsamen Anstrengung und des wissenschaftlichen Interesses gefördert. Wichtige Beispiele: Umfassen Sie starke

Gedanken und langfristiges Denken, um die Entwicklung voranzutreiben. Ermöglichen Sie Gruppen und fördern Sie eine Kultur der Unabhängigkeit, des Besitzes und der Verantwortung. Konzentrieren Sie sich auf das Kundenerlebnis und die Qualität der Artikel, um eine deutliche Wirkung zu erzielen. Schätzen Sie wissenschaftliches Interesse, logische Gründlichkeit und informationsgesteuerte unabhängige Ausrichtung. Fördern Sie gemeinsame Anstrengungen, Gedankenvielfalt und wissenschaftliche Bescheidenheit, um Entwicklung und Innovationskraft voranzutreiben. Indem Verbände es schaffen und sich die Qualitäten beider Verwaltungsstile zu eigen machen, können sie eine Kultur des Fortschritts, der koordinierten Anstrengungen und des beharrlichen Fortschritts entwickeln und so die wirtschaftliche Entwicklung und Wirkung in einer sich schnell entwickelnden Welt vorantreiben.zu erkennen, dass Fortschritt häufig aus unterschiedlichen Gesichtspunkten und gemeinsamer Anstrengung resultiert. Er fördert ein umfassendes und kooperatives Klima, in dem sich die Vertreter verpflichtet fühlen, ihre Gedanken und ihr Können einzubringen. Herausforderungen: Brins Autoritätsstil kann hin und wieder als übermäßig aufschlussreich oder abweisend für tiefgründige Überlegungen angesehen werden. Seine Betonung der informationsgesteuerten Navigation und der wissenschaftlichen Akribie könnte die Bedeutung von Instinkt, Sympathie und menschlichen Verbindungen in der Verwaltung außer Acht lassen. Gelernte Illustrationen Die Initiativstile von Larry Page und Sergey Brin spiegeln ihre korrelativen Vorzüge und Methoden wider, mit der Entwicklung umzugehen. Während Page der Visionär ist, der markante Gedanken und langfristige Visionen vorantreibt, bringt Brin wissenschaftliches Interesse, aufschlussreiche Gründlichkeit und die Bereitschaft zur Untersuchung mit. Gemeinsam haben sie die Lebensweise und Werte von Google geprägt und ein Gefühl der Entwicklung, der gemeinsamen Anstrengung und des wissenschaftlichen Interesses gefördert. Wichtige Beispiele: Umfassen Sie starke Gedanken und langfristiges Denken, um die Entwicklung voranzutreiben. Ermöglichen Sie Gruppen und fördern Sie eine Kultur der Unabhängigkeit, des Besitzes und der Verantwortung. Konzentrieren Sie sich auf das Kundenerlebnis und die Qualität der Artikel, um eine deutliche Wirkung zu erzielen. Schätzen Sie wissenschaftliches Interesse, logische Gründlichkeit und informationsgesteuerte unabhängige Ausrichtung. Fördern Sie gemeinsame Anstrengungen, Gedankenvielfalt und wissenschaftliche Bescheidenheit, um Entwicklung und Innovationskraft voranzutreiben. Indem Verbände es schaffen und sich die Qualitäten beider Verwaltungsstile zu eigen machen, können sie eine Kultur des Fortschritts, der koordinierten Anstrengungen und des beharrlichen Fortschritts entwickeln und so die wirtschaftliche Entwicklung und Wirkung in einer sich schnell entwickelnden Welt vorantreiben.und wissenschaftliche Bescheidenheit, um Entwicklung und Innovation voranzutreiben. Indem Verbände es schaffen und sich die Qualitäten beider Verwaltungsstile zu eigen machen, können sie eine Kultur des Fortschritts, der koordinierten Anstrengungen und des beharrlichen Fortschritts entwickeln und so die wirtschaftliche Entwicklung und Wirkung in einer sich schnell entwickelnden Welt vorantreiben.und wissenschaftliche Bescheidenheit, um Entwicklung und Innovation voranzutreiben. Indem Verbände es schaffen und sich die Qualitäten beider Verwaltungsstile zu eigen machen, können sie eine Kultur des Fortschritts, der koordinierten Anstrengungen und des beharrlichen Fortschritts entwickeln und so die wirtschaftliche Entwicklung und Wirkung in einer sich schnell entwickelnden Welt vorantreiben.

Visionäre im Sitzungssaal: Page vs. Brin

Larry Page und Sergey Brin, die wichtigsten Unterstützer von Google (derzeit Letters in Order), sind beide visionäre Pioniere, doch ihre Autoritätsstile und -ansätze können gegensätzlich sein. Hier ist eine Aufschlüsselung ihrer Vorzüge: Larry Page: Solider Visionär: Bekannt für seine aggressiven Gedanken und sein ständiges Streben nach Weiterentwicklung. Fokus auf Innovation: Besonders interessiert an hochmodernen Fortschritten wie dem vom Menschen geschaffenen Bewusstsein und selbstfahrenden Fahrzeugen. Anfordernder Pionier: Sollte als nachfragender Pionier sichtbar sein, der seine Gruppen dazu drängt, waghalsige Ziele zu erreichen. Sergey Brin: Kundenorientierte Konzentration: Betont die Bedeutung der Kundenerfahrung und der Entwicklung von Dingen, die Einzelpersonen lieben. Einfallsreicher Gelehrter: Wird häufig der „unkonventionellen" Überzeugung zugeschrieben, die den Ausgangspunkt für die Center-Research-Berechnungen von Google bildete. Kooperativer Pionier: Bekannt für die Förderung eines kooperativen Arbeitsplatzes, an dem Ideen direkt geprüft werden. Gemeinsamkeiten: Beide zeichnen sich durch

Begeisterung für Innovation und die Weiterentwicklung von Lebenspotenzialen aus. Sie sind beide mutige Individuen, die gerne in fremde Gefilde vordringen. Sie schätzen die Entwicklung und sind ständig auf der Suche nach Möglichkeiten, Grenzen zu überschreiten. Unterschiede: Mitte: Seite scheint eher von mechanischen Fortschritten bestimmt zu sein, während Brin sich auf das Kundenerlebnis konzentriert. Initiativstil: Die Seite kann mehr Interesse wecken, während Brin ein kooperativeres Klima pflegt. Einfluss auf Google: Ihre entsprechenden Vermögenswerte haben maßgeblich zum Wohlstand von Google beigetragen. Die Vision und der Entwicklungsdrang von Page haben den innovativen Fortschritt von Google vorangetrieben. Brins kundenorientiertes Zentrum hat dafür gesorgt, dass diese Fortschritte in wichtige Produkte umgewandelt werden, die die Menschen gerne nutzen. Post-Briefe in der richtigen Reihenfolge Zeit: Sowohl Page als auch Brin haben den Schritt von ihren Führungspositionen bei Letter Set gewagt. Sie werden weiterhin mit altruistischen Unternehmungen und individuellen Unternehmungen in Verbindung gebracht. Wer ist der „bessere" Visionär? Es ist schwierig, verbindlich zu sagen, wer der bessere Visionär ist. Ihre Vorzüge ergänzen einander und ihre gemeinsamen Bemühungen haben Google zu dem gemacht, was es heute ist.

Kapitel 12: Google-Kultur

Enthüllung der Qualitäten, Standards und Gebräuche, die Googles außergewöhnlichen Arbeitsplatz auszeichnen Googles Kultur ist bekannt für ihre einzigartige Kombination aus Innovation, Innovation und Inklusivität. Dieser Abschnitt befasst sich mit den Grundsätzen, Standards und Gebräuchen, die Googles Kultur geprägt und ihn zu einem der angesehensten und begehrtesten Arbeitsplätze der Welt gemacht haben. Grundsätze Im Mittelpunkt von Googles Kultur stehen seine Grundprinzipien, die alles von der Entscheidungsfindung bis hin zu Mitarbeiterbeziehungen leiten. Diese Werte spiegeln Googles Verpflichtung zu Innovation, Exzellenz und einem positiven Einfluss auf die Welt wider. Der Fokus liegt auf dem Kunden: Google konzentriert sich vor allem auf die Bedürfnisse seiner Kunden und versucht, Produkte und Erlebnisse zu schaffen, die das Leben der Menschen verbessern und echte Probleme lösen. Innovation: Google pflegt eine Kultur der Innovation und ermutigt Mitarbeiter, innovativ zu denken, sich Herausforderungen zu stellen und die Grenzen des Möglichen zu erweitern. Moonshot-Denken und intensives Ausprobieren werden gelobt und unterstützt. Exzellenz: Google setzt bei allem, was es tut, hohe Maßstäbe an Qualität und Exzellenz. Von Produktdesign und -gestaltung bis hin zu Kundenservice und Unternehmensführung strebt Google nach ständiger Verbesserung. Zusammenarbeit: Zusammenarbeit ist für die Kultur der Forschung von zentraler Bedeutung. Teams arbeiten fach- und geographenübergreifend zusammen und nutzen unterschiedliche Perspektiven und Expertise, um gemeinsame Ziele zu erreichen. Zusammenarbeit wird im Wettbewerb geschätzt und Zusammenarbeit wird gelobt. Glaubwürdigkeit: Google handelt in all seinen Geschäften mit Ehrlichkeit, Ehrlichkeit und Transparenz. Vertrauen und ethische Verhaltensweisen sind Grundprinzipien, die Googles Beziehungen zu Mitarbeitern, Kunden, Partnern und der breiteren Gemeinschaft leiten. Arbeitsplatz Der Arbeitsplatz von Google ist darauf ausgelegt, Innovation, Zusammenarbeit und Erfolg zu fördern. Von offenen Büroräumen und flexiblen Arbeitszeiten bis hin zu Annehmlichkeiten und Vorteilen vor Ort versucht Google, eine stabile und motivierende Arbeitsumgebung zu schaffen, in der Mitarbeiter erfolgreich sein können. Offenheit und Transparenz: Das offene

Bürodesign von Google fördert die ungehinderte Kommunikation und Zusammenarbeit zwischen den Mitarbeitern. Führungskräfte sind offen und Informationen werden offen geteilt, wodurch eine Kultur der Offenheit und des Vertrauens entsteht. Balance zwischen ernsthaften und unterhaltsamen Aktivitäten: Google erkennt die Bedeutung der Balance zwischen ernsthaften und unterhaltsamen Aktivitäten und bietet flexible Arbeitspläne, um den unterschiedlichen Bedürfnissen und Anforderungen der Mitarbeiter gerecht zu werden. Von Optionen für die Fernarbeit bis hin zu Elternzeitplänen unterstützt Google Mitarbeiter dabei, eine gute Balance zwischen Arbeit und Privatleben zu erreichen. Gesundheit und Wohlstand: Google konzentriert sich auf das Wohlbefinden der Mitarbeiter durch Gesundheitsprogramme,Vorteile für das psychische Wohlbefinden und örtliche Annehmlichkeiten, zum Beispiel Wellness-Fokus, hochwertige Lebensmittelauswahl und Entspannungsräume. Repräsentativer Wohlstand wird als entscheidend für individuelle und maßgebliche Leistungen angesehen. Bräuche und Zeremonien Die Lebensweise von Google wird ebenfalls durch seine Praktiken und Zeremonien verbessert, die ein Gefühl für die lokale Umgebung, einen Ort und eine gemeinsame Perspektive unter den Vertretern schaffen. TGIF-Treffen: Googles wöchentliche Treffen für alle, bekannt als TGIF (Gott sei Dank ist Freitag), bieten Vertretern die Möglichkeit, direkt von der Verwaltung zu hören, sich zu dringenden Fragen zu klären und Erfolge zu feiern. TGIF-Treffen unterstützen die Geradlinigkeit, Korrespondenz und Ordnung im gesamten Verband. Noogler-Anleitung: Neue Mitarbeiter bei Google, bekannt als „Nooglers", nehmen an einem umfassenden Anleitungsprogramm teil, das sie mit der Lebensweise, den Werten und der Geschichte von Google vertraut macht. Die Noogler-Leitung unterstützt kürzlich hinzugefügte Teammitglieder bei der Aufnahme in die Google-Personengruppe und beim Aufbau von Verbindungen zu Partnern. 20 % Zeit: Die 20 %-Zeitstrategie von Google ist zwar nicht mehr ganz so unverkennbar wie früher, aber sie ermöglicht es Vertretern, einen Teil ihrer Wochenarbeit darauf zu verwenden, zielgerichtete Unternehmungen und individuelle Interessen zu verfolgen. Dieser Brauch fördert Fortschritt und Erfindungsreichtum, indem er es Vertretern ermöglicht, bahnbrechende Gedanken außerhalb ihrer wesentlichen Pflichten zu untersuchen. Vielfalt und Rücksichtnahme Google konzentriert sich darauf, ein anderes und umfassendes Arbeitsumfeld zu schaffen, in dem sich die Vertreter geschätzt und respektiert fühlen und in der Lage sind, ihr authentisches Selbst zur Arbeit zu bringen. Vielfaltsinitiativen: Google investiert Ressourcen in eine Vielzahl von Initiativen und Projekten, um unterrepräsentierte Gruppen in der Technologiebranche zu gewinnen, zu halten und zu fördern. Zu diesen Aktionen gehören die Vorbereitung auf unbewusste Neigungen, eine Reihe von Rekrutierungsaktionen und das Sammeln von Mitarbeitervermögen. Umfassende Kultur: Google fördert eine umfassende Kultur, in der alle Stimmen gehört und geschätzt werden. Pioniere werden aufgefordert, umfassende Gruppen und Bedingungen zu schaffen, in denen sich jeder geschätzt und respektiert fühlt. Verbündete und Werbung: Google fördert Verbündete und Unterstützung unter den Vertretern, um Vielfalt und Aufmerksamkeitsbemühungen zu fördern. Partner spielen eine wichtige Rolle bei der Prüfung der Veranlagung, der Wertsteigerung und der Schaffung einer umfassenderen Arbeitsumgebungskultur. Fazit: Die Lebensweise von Google ist ein Eindruck seiner Qualitäten, Standards und Bräuche, verbunden mit dem Versprechen von Entwicklung, gemeinsamer Anstrengung und Inklusivität. Durch die Pflege eines starken Arbeitsplatzes, die Förderung von Erfindungsreichtum und Versuch und Irrtum sowie die Förderung von Vielfalt und Integration hat Google eine Kultur aufgebaut, die Spitzenkräfte anzieht, die Entwicklung vorantreibt und hierarchische Leistungen erfüllt. Während Google sich weiterentwickelt und weiterentwickelt,Seine Lebensweise bleibt eine Grundlage seines Charakters und eine Quelle der Motivation für Vereine auf der ganzen Welt.

Von offenen Arbeitsplätzen zu OKRs: Schaffung eines kreativen Klimas

Larry Page und Sergey Brin, die Köpfe hinter Google (derzeit sind die Buchstaben in Ordnung), waren nicht nur Meister der Technik. Sie haben auch maßgeblich dazu beigetragen, eine besondere Unternehmenskultur zu fördern, die auf Fantasie und Entwicklung setzt. Hier ist ein kurzer Blick auf einen Teil der Schlüsselkomponenten, die sie eingesetzt haben, um dies zu erreichen: Open-Office-Konfiguration: Vorbei waren die Zeiten der Arbeitsbereichsfarmen. Google begrüßte offene Büropläne, die gemeinsame Anstrengungen und die gegenseitige Befruchtung von Gedanken zwischen Gruppen ermöglichten. Im Mittelpunkt steht Solace: Bei der Idee eines offenen Büros ging es nicht nur um die Nähe; Damit verbunden war die Schaffung eines angenehmen und animierenden Arbeitsplatzes. Denken Sie an Sitzsäcke, Testkoffer und Annehmlichkeiten vor Ort, die ein Gefühl für die Umgebung vermitteln. Die „20 %-Zeit"-Regel: Eine bemerkenswerte Strategie, die es Vertretern ermöglichte, 20 % ihrer wöchentlichen Arbeit der Verfolgung ihrer Gedanken zu widmen, unabhängig davon, ob sie außerhalb ihrer zentralen beruflichen Verpflichtungen lagen. Dieser Ansatz führte zur

Einführung einiger der besten Google-Produkte wie Gmail und AdSense. Targets and Key Outcomes (OKRs): Ein bei Google implementiertes Zielsetzungssystem, um Klarheit und Ordnung im gesamten Unternehmen zu gewährleisten. OKRs definierten klare Ziele für Gruppen und Personen sowie quantifizierbare Schlüsselergebnisse zur Verfolgung des Fortschritts. Informationsgesteuerte Navigation: Page und Brin unterstrichen die Bedeutung von Informationen für die Steuerung von Entscheidungen. Google hat eine Kultur des Sammelns und Aufschlüsselns von Informationen geschaffen, um alles von der Produktverbesserung bis hin zur Präsentation von Verfahren zu beleuchten. Eine Kultur des Versuchs und Irrtums: Man ging mit sorgfältig durchdachten Aktionsplänen vor und drängte darauf, schnell zu scheitern. Dadurch wurde ein Klima geschaffen, in dem die Mitarbeiter nicht davor zurückschreckten, neue Dinge auszuprobieren, von Patzern zu profitieren und schnell zu betonen. Einstellung aufgrund von Fähigkeiten und „Intelligenz": Google legt großen Wert darauf, schlaue, neugierige und enthusiastische Leute zu rekrutieren. Der Schwerpunkt lag auf der Fitness und den Fähigkeiten zum kritischen Denken und nicht auf üblicher Erfahrung. Die Wirkung dieser Kultur: Googles erfinderisches Klima wird weithin als Grund für seinen Wohlstand angesehen. Es zog Spitzenkräfte an, erweckte bei den Vertretern ein Gefühl des Stolzes und regte die Entstehung historischer Objekte an. Schwierigkeiten und Überlegungen: Das offene Bürodesign fördert zwar koordinierte Anstrengungen, kann aber in manchen Fällen die Leute ablenken, die eine konzentrierte Arbeitszeit benötigen. Die „20 %-Zeit"-Idee ist zwar im Prinzip eine gute Idee, kann aber für bestimmte Vertreter, die Schwierigkeiten haben, einzelne Unternehmen mit zentralen Verbindlichkeiten auszugleichen, schwer zu übersehen sein. Die Aufrechterhaltung einer Entwicklungskultur erfordert ständige Anstrengungen und Abwechslung während der Entwicklung der Organisation. Fazit Page und Brins Vision eines besonderen und fantasievollen Arbeitsplatzes hat ein bleibendes Erbe hinterlassen. Während bestimmte Perspektiven möglicherweise einer Transformation bedürfen, sind die zentralen Standards für die Einbeziehung höchster Fähigkeiten,Die Förderung koordinierter Anstrengungen und die Motivation der Mitarbeiter zum Ausprobieren sind für einige Organisationen, die den Fortschritt von Google bei der Kultivierung einer Hochburg der

Entwicklung nachahmen möchten, zu zentralen Werten geworden.

Kapitel 13: Übernahmen und Vereinigung

Die wesentliche Entwicklung von Google durch Akquisitionen und Konsolidierungen Der Weg von Google von einem Web-Suchtool-Startup zu einer weltweiten Innovationskraft, mit der man rechnen muss, wurde durch wichtige Akquisitionen und Konsolidierungen geprägt. In diesem Teil wird untersucht, wie Google mit Akquisitionen umgeht, welche wichtigen Akquisitionen jetzt der richtige Zeitpunkt sind und welche Auswirkungen sie auf ihre Entwicklung und Weiterentwicklung haben. Hauptgründe Googles Umgang mit Akquisitionen orientiert sich an wesentlichen Zielen, die darauf abzielen, sein Kerngeschäft zu ergänzen, neue Geschäftsfelder zu erschließen und die Entwicklung zu beschleunigen. Zu den Hauptzielen hinter Akquisitionen gehört der Erwerb von Fähigkeiten: Gewinnung talentierter Gruppen und Personen mit Eignung für bestimmte Bereiche oder Fortschritte. Innovationssicherung: Erhalten von Innovationen oder geschützten Innovationen, die

die Produkte und Dienstleistungen von Google verbessern. Markterweiterung: Gewinnung von Organisationen für den Einstieg in neue Geschäftsfelder oder Stärkung der Präsenz von Google in bestehenden Geschäftsfeldern. Steigerung der Entwicklungsgeschwindigkeit: Beschaffung neuer Unternehmen oder kreativer Organisationen, um die Produktverbesserung und -entwicklung zu beschleunigen. Wichtige Akquisitionen Google hat im Laufe der Zeit verschiedene Akquisitionen getätigt, von kleinen neuen Unternehmen bis hin zu großen Organisationen in verschiedenen Unternehmungen und Bereichen. Zu den wohl prominentesten Akquisitionen gehört YouTube (2006): Die Übernahme von YouTube für 1,65 Milliarden US-Dollar im Jahr 2006 markierte den Einstieg von Google in den internetbasierten Videomarkt. Seitdem hat sich YouTube zur weltweit größten Video-Sharing-Plattform entwickelt und unterstützt und fördert Googles Präsenz in digitalen Medien. Android Inc. (2005): Google erwarb 2005 Android Inc., ein Startup, das ein tragbares Betriebssystem entwickelt. Android hat sich seitdem zum weltweit am weitesten verbreiteten mobilen Betriebssystem entwickelt, das Milliarden von Mobiltelefonen und anderen Geräten antreibt. DoubleClick (2007): Google erwarb DoubleClick, einen

Anbieter webbasierter Werbedienste, im Jahr 2007 für 3,1 Milliarden US-Dollar. Der Erwerb stärkte die Werbekapazitäten von Google und baute seine Präsenz im fortgeschrittenen Werbemarkt aus. Home Labs (2014): Google kaufte 2014 Home Labs, ein Unternehmen, das viel Zeit in die Entwicklung intelligenter Haushaltsgegenstände investiert, für 3,2 Milliarden US-Dollar. Die Übernahme ermöglichte Google den Einstieg in die wachsende Branche für zugehörige Haushaltsgeräte und -dienste. Waze (2013): Google erwarb Waze, eine Routenanwendung mit laufenden Verkehrs- und Planungsfunktionen, für 1,1 Milliarden US-Dollar im Jahr 2013. Die Innovation und der Kundenstamm von Waze ergänzten Google Guides und verbesserten die Planungs- und Routenbeiträge von Google. DeepMind Advancements (2014): Google erwarb DeepMind Advances, ein Startup für computergestütztes Denken, für voraussichtlich 500 Millionen US-Dollar im Jahr 2014. DeepMinds Kompetenz in künstlicher Intelligenz und KI hat zu Forschungsfortschritten in Regionen beigetragen, beispielsweise im Umgang mit Sprache und in der medizinischen Versorgung.Beitritt und Wirkung Die Art und Weise, wie Google mit koordinierenden beauftragten Organisationen umgeht, hängt von Faktoren wie der Größe des Auftrags, der Bedeutung der gewonnenen Innovation oder Fähigkeit und der sozialen Eignung ab. Manchmal fungieren bestehende Organisationen als autonome Hilfsorganisationen oder Abteilungen innerhalb von Google und behalten dabei ihre Markenpersönlichkeit und Unabhängigkeit bei. In anderen Fällen werden erworbene Gruppen und Fortschritte in bestehende Google-Produkte und -Dienste koordiniert, wodurch deren Fähigkeiten und Elemente verbessert werden. Schwierigkeiten und Gefahren Während Akquisitionen dazu beigetragen haben, mehr über Entwicklung und Aufstieg zu erfahren, bergen sie auch Schwierigkeiten und Gefahren. Die Koordinierung ausgewählter Organisationen und Gesellschaften, die Überwachung der Kompetenzerhaltung und die Prüfung administrativer Prüfungen gehören zu den üblichen Herausforderungen im Zusammenhang mit Akquisitionen. Außerdem sind nicht alle Akquisitionen effektiv, und manche versäumen es möglicherweise, ihre geplanten Ziele zu erreichen oder erwartete Gewinne aus dem Unternehmen zu erzielen. Fazit: Die grundlegende Art und Weise, wie Google mit Akquisitionen umgeht, hatte einen entscheidenden Einfluss auf die Entwicklung, Erweiterung und Weiterentwicklung des Unternehmens. Durch die gezielte Beschaffung von Unternehmen mit umfassenden Fortschritten, Fähigkeiten und Marktpräsenz hat Google sein Geschäft erweitert, seine seriöse Position gestärkt und sein Entwicklungstempo beschleunigt. Da Google durch Akquisitionen und Konsolidierungen weiterhin nach nützlichen Lernerfahrungen sucht, wird eine sorgfältige, wichtige Vorbereitung, Kombination und Durchführung weiterhin von entscheidender Bedeutung sein, um den Wert und die Wirkung dieser Austausche zu steigern.Um den Wert und die Wirkung dieser Transaktionen zu maximieren, sind eine sorgfältige kritische Vorbereitung, Integration und Umsetzung weiterhin von entscheidender Bedeutung.Um den Wert und die Wirkung dieses Austauschs zu steigern, wird eine sorgfältige, wichtige Vorbereitung, Kombination und Ausführung weiterhin von grundlegender Bedeutung sein.

Strategische Schritte: YouTube, Android und mehr

Larry Page und Sergey Brin, den Genies hinter Google (heute Letter Set), ging es nicht nur darum, einen starken Webindex zu erstellen. Sie führten außerdem eine Reihe wichtiger Akquisitionen und Spekulationen durch, die Googles Reichweite und Einfluss wesentlich erweiterten. Hier sind einige Schlüsselmodelle: Übernahme von YouTube (2006): Im Jahr 2006 erwarb Google für schlappe 1,65 Milliarden US-Dollar die damals junge Video-Sharing-Plattform YouTube. Dieser intensive Schritt, der zunächst mit Vorsicht aufgenommen wurde, erwies sich schließlich als Meisterleistung. YouTube erfreute sich allgegenwärtiger Beliebtheit und wurde zur weltweit führenden Plattform für Online-Videos und zu einer bedeutenden Werbeeinnahmequelle für Google. Weiterentwicklung des Android Portable Working Framework (2008): Google erkannte das Potenzial vielseitiger Innovationen und leitete 2008 die Entwicklung des Android-Betriebssystems. Android wurde als Open-Source-Version vorgestellt und erfreute sich aufgrund seiner Anpassungsfähigkeit sofort großer Beliebtheit bei Mobiltelefonherstellern und Anpassungsfähigkeit. Heute beherrscht

Android den weltweiten Mobiltelefonmarkt und macht Google zu einem zentralen Bestandteil des vielseitigen Umfelds. DoubleClick-Entwicklung (2007): DoubleClick wurde 2007 für 3,1 Milliarden US-Dollar übernommen und war ein Vorreiter im Bereich webbasierter Werbeinnovationen. Dieser Gewinn stärkte zusätzlich die Stärke von Google im Bereich der Online-Werbung und verschaffte ihnen nützliche Ressourcen für die Bereitstellung von Werbung und die Fokussierung auf die Zielgruppe. Ressourcen in virtuelle Unterhaltung investieren (Mitte der 2000er Jahre): Page und Brin erkannten sofort die Möglichkeiten webbasierter Unterhaltung. Google investierte Ressourcen in Plattformen wie MySpace und Friendster, auch wenn sich diese Spekulationen nicht in langfristigen Besitz niederschlugen. Nichtsdestotrotz lieferte die Erfahrung wahrscheinlich wichtige Einblicke in die Online-Unterhaltungsszene und beleuchtete Googles zukünftige webbasierte Unterhaltungsversuche wie Google+. Home Labs Development (2014): Home Labs, das 2014 für 3,2 Milliarden US-Dollar übernommen wurde, war ein Vorreiter für intelligente Heiminnovationen. Diese Auszeichnung verdeutlichte Googles Vorsprung im „Web of Things" (IoT) und seine Vision für ein vernetzteres und intelligenteres Wohnklima. Die

Wirkung dieser Schritte: Diese wesentlichen Entscheidungen von Page und Brin trugen maßgeblich dazu bei, dass Google von einem Unternehmen für Websuchtools zu einem Technologiemonster mit einer anderen Anordnung von Elementen und Dienstleistungen wurde. Allein YouTube und Android sind zu riesigen Bühnen geworden, die Google enorme Einnahmen und Kundenengagement bescheren. Akquisitionen wie DoubleClick festigten die Stärke von Google im Bereich der webbasierten Werbung. Durch den Einstieg in die vielseitigen und brillanten Home-Business-Sektoren sicherte sich Google seine Präsenz in wichtigen Entwicklungsregionen. Überlegungen und Reaktionen: Einige Akquisitionen, wie z. B. Home Labs, haben ihre zugrunde liegende Verpflichtung nicht ganz erfüllt. Googles Stärke in der webbasierten Publizität hat Bedenken hinsichtlich kartellrechtlicher Probleme und einer Unterdrückung der Rivalität geweckt. Die Android-Sicherung hat vor Gericht zu Auseinandersetzungen um die Kontrolle über die mobile Plattform geführt. Gesamt:Die wesentlichen Schritte von Page und Brin waren zwar nicht ohne Nachteile, haben aber die Richtung von Google bestimmt. Ihre Vision eines erweiterten Technologieunternehmens mit einer über das Streben hinausgehenden Präsenz hat sich als fruchtbar erwiesen und Google zu einem beeindruckenden Phänomen in verschiedenen Innovationsszenen gemacht.

Kapitel 14: Persönliche Leben

Untersuchung des Lebens und der positiven Seiten von Larry Page und Sergey Brin Während den fachmännischen Leistungen von Larry Page und Sergey Brin bei Google viel Beachtung geschenkt wurde, vermittelt das Verständnis ihres eigenen Lebens Erkenntnisse über ihre Qualitäten, Inspirationen und die Variablen, die ihren Ausflug prägten. Dieser Teil befasst sich mit den individuellen Existenzen von Larry Page und Sergey Brin und gibt Einblicke in ihre Erfahrungen, Interessen und die Auswirkungen ihrer Begegnungen auf ihre Arbeit als Pioniere und Trendsetter. Larry Page: Familie, Schulbildung und Interessen Larry Page wurde 1973 am Walk 26 in East Lansing, Michigan, von Erziehungsberechtigten, die beide Lehrer für Softwaretechnik am Michigan State College waren, zur Welt gebracht. Pages anfängliche Offenheit gegenüber PCs und der wissenschaftlichen Gemeinschaft beeinflusste seine Energie für Innovation und Lernen. Familienstiftung: Page erlebte seine Kindheit in einem ruhigen und geistig anregenden Klima, in dem Gespräche über Innovation, Wissenschaft und Entwicklung typisch waren. Seine Leute vermittelten ihm eine Vorliebe für Recherche, Interesse und wissenschaftliche Gründlichkeit, die später seine Art, mit Initiative und Entwicklung bei Google umzugehen, prägen sollte. Schulbildung und wissenschaftliche Aktivitäten: Page besuchte die University of Michigan, wo er eine vierjährige naturwissenschaftliche Ausbildung mit einem Abschluss in PC-Design erwarb. Später strebte er ein Abschlussexamen am Stanford College an, wo er Sergey Brin kennenlernte und begann, an dem Explorationsprojekt mitzuarbeiten, das zur Entstehung von Google führen sollte. Interessen und Freizeitaktivitäten: Neben seinen beruflichen Unternehmungen ist Page für seine vielfältigen Vorteile und Nebeninteressen bekannt. Er ist ein begeisterter Kitesurfer, ein flugbegeisterter Pilot und ein Verbündeter von Antrieben, die auf die Bewältigung globaler Herausforderungen wie saubere Energie und Nachhaltigkeit ausgerichtet sind. Sergey Brin: Wurzeln, Interesse und Nächstenliebe Sergey Brin wurde am 21. August 1973 in Moskau, Sowjetrepublik (heute Russland), zu seinen Vormunden, den beiden Scholastikern, geboren. Brins Kindheit in einer Gruppe versierter

Menschen und seine Begegnungen als Außenseiter haben seine Sichtweise und seine Werte maßgeblich beeinflusst. Außenseitererfahrung: Brin und seine Familie zogen 1979 in die USA, um den antisemitischen Beleidigungen in der Sowjetvereinigung zu entkommen. Die Erfahrung, noch einmal in einem fremden Land anzufangen, vermittelte in Brin ein Gefühl von Flexibilität, Vielseitigkeit und Wertschätzung für die potenziellen offenen Türen, die Amerika bietet. Lehrreicher Ausflug: Brin besuchte das College of Maryland, wo er eine vierjährige Zertifizierung in wissenschaftlichen Studien in Mathematik und Softwaretechnik anstrebte. Später meldete er sich für das Alumni-Software-Engineering-Programm am Stanford College an, wo er Larry Page kennenlernte und sich an das Prüfungsprojekt machte, das sein Leben bestimmen sollte. Interessen und Ziele: Brin teilt die Begeisterung von Page für Forschung, Entwicklung und die Erzielung eines positiven Ergebnisses für die Welt. Er ist bekannt für seinen Vorsprung in der Avionik.Weltraumforschung und logische Offenbarung. Brin wird durch seine Einrichtung, die Brin Wojcicki Institution, auch gut mit Großzügigkeit, der Unterstützung von Bestrebungen im Zusammenhang mit medizinischer Versorgung, Bildung und logischer Forschung in Verbindung gebracht. Anpassung des Privatlebens und des Berufslebens Ungeachtet ihrer anspruchsvollen Aufgaben als Leiter einer der überzeugendsten Organisationen der Welt haben sowohl Larry Page als auch Sergey Brin versucht, die Harmonie zwischen ihrem eigenen Leben und dem Berufsleben aufrechtzuerhalten. Sie konzentrieren sich darauf, Energie in die Familie zu investieren und ihre Interessen über die Arbeit hinaus zu verfolgen, wobei sie die Bedeutung von Wohlstand und Zufriedenheit über die beruflichen Leistungen hinaus erkennen. Erbe und Wirkung Die individuellen Existenzen von Larry Page und Sergey Brin bieten wichtige Einblicke in die Qualitäten, Begegnungen und Inspirationen, die ihren Weg als Pioniere und Trendsetter geprägt haben. Ihre Kindheit, Interessen und Begegnungen als Menschen haben ihre Art, mit Initiative, Geschäft und Wohltätigkeit umzugehen, beeinflusst und ein bleibendes Erbe hinterlassen, das weit über die Grenzen von Google hinausreicht. Fazit Das Verständnis der individuellen Existenzen von Larry Page und Sergey Brin ermöglicht ein differenzierteres Verständnis ihrer Arbeit als Pioniere und Wegbereiter. Ihre Erfahrungen, Interessen und Werte hatten einen entscheidenden Einfluss auf ihren Ausflug bei Google und die Wirkung, die sie auf die Welt hatten. Durch die Anpassung ihres eigenen Berufslebens und die Einhaltung ihrer Interessen und Werte haben Page und Brin einen bleibenden Eindruck in der Innovationsbranche und noch mehr hinterlassen und Menschen in die Zukunft von Pionieren und Wegbereitern geführt, die ihrem Beispiel nacheifern.und Werte hatten einen entscheidenden Einfluss auf ihren Ausflug bei Google und die Wirkung, die sie auf die Welt hatten. Durch die Anpassung ihres eigenen Berufslebens und die Einhaltung ihrer Interessen und Werte haben Page und Brin einen bleibenden Eindruck in der Innovationsbranche und noch mehr hinterlassen und Menschen in die Zukunft von Pionieren und Wegbereitern geführt, die ihrem Beispiel nacheifern.und Werte hatten einen entscheidenden Einfluss auf ihren Ausflug bei Google und die Wirkung, die sie auf die Welt hatten. Durch die Anpassung ihres eigenen Berufslebens und die Einhaltung ihrer Interessen und Werte haben Page und Brin einen bleibenden Eindruck in der Innovationsbranche und noch mehr hinterlassen und Menschen in die Zukunft von Pionieren und Wegbereitern geführt, die ihrem Beispiel nacheifern.

Anpassung von Arbeit, Familie und individuellen Interessen

Für die überwiegende Mehrheit der produktiven Menschen ist es ziemlich schwierig, Arbeit, Familie und individuelle Interessen unter einen Hut zu bringen, und Larry Page und Sergey Brin sind keine Sonderfälle. Während sie mit Google gewaltige Expertenfortschritte machten, spiegelt ihr eigenes Leben die Komplexität der Erkundung dieser anspruchsvollen Regionen wider. Anfänge und ernsthafte Konzentration: In ihrer ersten, langen Zeit bei Google waren sowohl Page als auch Brin für ihre äußerst fleißige Einstellung bekannt. Sie investierten ihre Energie in den Aufbau von Google, arbeiteten häufig über längere Zeiträume und konzentrierten sich auf den Wohlstand der Organisation. Dieses Engagement trug zweifellos zur schnellen Entwicklung der Forschung bei, ging jedoch wahrscheinlich zu Lasten der individuellen Zeit und eines ausgeglichenen Lebens. Alltag: Sowohl Page als auch Brin sind per Anhalter verheiratet und haben Kinder bekommen. Dennoch sind Einblicke in ihr Familienleben mäßig privat. Sie haben noch nicht ausführlich darüber nachgedacht, wie sie mit der Balance zwischen Spaß und ernsthaften Aktivitäten umgehen, aber dazu gehört wahrscheinlich die große Hilfe von Partnern und Mitarbeitern. Verfolgung privater Interessen: Als sie ihre Führungspositionen bei Google hinter sich ließen, zeigten beide ein wiedergewonnenes Interesse an besonderen Zielen. Page hat seine Energie dem Fliegen gewidmet und schließlich ein Auto mit Flugfähigkeit (Kitty Falcon) gebaut. Brin hat sich auf Großmut und individuelle Bemühungen in Bereichen wie den Biowissenschaften konzentriert. Schwierigkeiten und Überlegungen: Für jeden, der für ein sich schnell entwickelndes Technologieunternehmen verantwortlich ist, ist es schwierig, eine solide Balance zwischen Spaß und ernsthaften Aktivitäten zu finden. Die ernsthaften Anforderungen ihrer Jobs bei Google dürften ihre Freizeit in den Anfangsjahren eingeschränkt haben. Es ist von entscheidender Bedeutung, dass die Balance zwischen Spaß und ernsthaften Aktivitäten eine individuelle Voraussetzung ist. Was für den einen funktioniert, wird für den anderen wahrscheinlich nicht funktionieren. Eingeschränkte öffentliche Daten: Es gibt nur begrenzte öffentliche Daten über das Leben von Page und Brin und darüber, wie sie die Balance zwischen ernsthaften und unterhaltsamen Aktivitäten gewährleisten. Dies macht es schwierig, ihre Methodik umfassend zu untersuchen. Insgesamt: Während das Beispiel von Page und Sergey Brin zur Überwindung von Widrigkeiten motivierend ist, ist es wichtig, die damit verbundenen potenziellen Kompromisse zu erkennen. Ihr außergewöhnlicher Schwerpunkt auf der Arbeit brachte wahrscheinlich einige erhebliche Rückschläge mit sich, und ihre Art, mit der Balance zwischen ernsthaften und unterhaltsamen Aktivitäten umzugehen, ist möglicherweise nicht für jeden geeignet.

Kapitel 15: Die Macht der Information

Informationen bereitstellen, um den Fortschritt voranzutreiben und die Gesellschaft zu verändern. Informationen sind der Kern des Erfolgs von Google und fungieren als Grundlage für seine Produkte, Dienstleistungen und seinen Aktionsplan. In diesem Abschnitt wird die entscheidende Rolle von Informationen in den Aufgaben von Google, ihre Auswirkungen auf Entwicklung und Ausrichtung sowie die weitreichenderen Auswirkungen auf die Gesellschaft untersucht. Informationen als wesentliche Ressource Die Fähigkeit von Google, riesige Mengen an Informationen zu sammeln, zu analysieren und zu beeinflussen, war entscheidend für seine Entwicklung und seinen Erfolg. Informationen sind eine wesentliche Ressource, die den Fortschritt vorantreibt, die Produktverbesserung vorantreibt und die Kundenkontakte in der gesamten Produkt- und Verwaltungsumgebung von Google verbessert. Suche und Personalisierung: Das Websuchtool von Google untersucht Milliarden von Suchfragen und Websiteseiten, um Kunden relevante und individuelle Suchanfragen zu übermitteln. Durch das Verständnis der Kundenziele und -neigungen entwickelt Google seine Suchberechnungen kontinuierlich weiter, um genauere und wertvollere Ergebnisse zu erzielen. Werbung und Adaption: Das Werbegeschäft von Google basiert auf einer datengesteuerten Fokussierung auf die Verbesserung, um den Kunden relevante Werbung zu vermitteln und die Werbeeinnahmen zu steigern. Durch Plattformen wie Google Promotions und DoubleClick können Sponsoren Informationserlebnisse nutzen, um noch erfolgreicher ihre ideale Interessengruppe zu erreichen und die Wirkung ihrer Missionen zu messen. KI und künstliche Intelligenz: Google nutzt KI und computergestütztes Denken, um Erfahrungen aus Informationen zu extrahieren, intelligente Berechnungen zu ermöglichen und die Entwicklung in Regionen voranzutreiben, beispielsweise den Umgang mit Sprache, Bilderkennung und vorausschauende Forschung. Elemente wie Google Partner, Google Fotos und Google Interpret beeinflussen die KI, um individuelle Begegnungen zu vermitteln und komplexe Probleme anzugehen. Moralische Überlegungen Während Informationen enorme offene Türen für Entwicklung und Fortschritt bieten, werfen sie auch moralische Überlegungen und Schwierigkeiten auf. Google beschäftigt sich mit Themen wie Kundenschutz, Informationssicherheit, algorithmischer

Veranlagung und der bewussten Nutzung künstlicher Intelligenz. Die Kombination der Vorteile der informationsgesteuerten Entwicklung mit der Notwendigkeit, den Kundenschutz zu gewährleisten und potenzielle Schäden zu lindern, ist eine verwirrende und fortschreitende Herausforderung für Google und die umfassendere Technologiebranche. Kundensicherheit: Google sammelt riesige Mengen an Kundendaten, um Kontakte zu personalisieren und an seinen Produkten und Dienstleistungen zu arbeiten. Dennoch haben Sorgen um die Kundensicherheit und den Informationsschutz zu einer Ausweitung der Prüfungs- und Verwaltungsaktivitäten geführt. Google hat Maßnahmen wie Sicherheitskontrollen, Informationsübermittlung und Kundenakzeptanzkomponenten ergriffen, um diese Bedenken auszuräumen und Vertrauen bei den Kunden aufzubauen. Algorithmische Neigung: Google konzentriert sich darauf, sicherzustellen, dass seine Berechnungen fair, vorurteilsfrei und umfassend sind.Wie dem auch sei, die angeborenen Veranlagungen für Informationen und Berechnungen erschweren die Erreichung dieses Ziels. Google versucht, die Veranlagung durch algorithmische Überprüfungen, eine Vielzahl von Informationsquellen und eine kontinuierliche

Prüfung der Angemessenheit und Verantwortung simulierter Informationen zu mildern. Informationssicherheit: Der Schutz von Kundeninformationen vor unbefugtem Zugriff, Zugriffen und digitalen Gefahren ist für Google ein Hauptanliegen. Das Unternehmen setzt energisch auf Sicherheitsbemühungen, Verschlüsselungsfortschritte und Risikoerkennungs-Frameworks, um Kundendaten zu schützen und das Vertrauen zu Kunden und Partnern aufrechtzuerhalten. Kulturelle Auswirkungen Die Nutzung von Informationen durch Google geht über die Geschäftsaktivitäten hinaus und hat umfassendere kulturelle Auswirkungen, sowohl positive als auch negative. Informationsgesteuerte Innovationen können die finanzielle Entwicklung vorantreiben, die Ergebnisse medizinischer Dienstleistungen weiterentwickeln, soziale Probleme angehen und Menschen und Netzwerke stärken. Sie wecken jedoch auch Bedenken hinsichtlich Beobachtung, Unwahrheit, Ungleichgewicht und der Zentralisierung von Gewalt im Besitz von Technologieunternehmen. Finanzielle Entwicklung und Weiterentwicklung: Informationsgesteuerte Fortschritte fördern die Entwicklung, das Geschäfts- und Finanzwachstum, indem sie Organisationen in die Lage versetzen, neue Produkte, Verwaltungen und Aktionspläne zu fördern. Googles biologisches System aus Apparaten und Bühnen ermöglicht es Ingenieuren, neuen Unternehmen und Organisationen, unter sonst gleichen Bedingungen die Macht der Informationen auszurüsten, um die Entwicklung voranzutreiben und Wertschätzung zu erzielen. Medizinische Versorgung und allgemeines Wohlbefinden: Informationsuntersuchungen und simulierte Intelligenz können medizinische Dienste stören, indem sie Entschlossenheit, Therapie und Patientenergebnisse weiterentwickeln. Die medizinischen Dienste von Google, zum Beispiel DeepMind Health und Google Health, nutzen Informationen und künstliche Intelligenz, um Probleme wie die Erkennung von Krankheiten, klinische Untersuchungen und die Bereitstellung medizinischer Dienste zu bewältigen. Soziale Schwierigkeiten und Ungleichheit: Informationsgesteuerte Fortschritte geben Anlass zur Sorge hinsichtlich ihrer Auswirkungen auf die Gesellschaft, einschließlich Themen wie Sicherheit, Aufklärung, Falschheit und Ungleichgewicht. Google ist sich seiner Verantwortung bewusst, diese Probleme anzugehen, und versucht, Strategien, Instrumente und Initiativen zu fördern, die eine unkomplizierte, verantwortungsvolle und zuverlässige Nutzung von Informationen fördern. Fazit Die Kraft von Informationen, Fortschritt voranzutreiben und die Gesellschaft zu verändern, ist unwiderlegbar. Die umfassende Nutzung von Informationen hat Google in die Lage versetzt, bemerkenswerte Produkte und Dienstleistungen zu fördern, Anreize für Kunden und Organisationen zu schaffen und das Schicksal von Innovationen zu gestalten. Dennoch werfen Informationen auch moralische Überlegungen, Herausforderungen und kulturelle Auswirkungen auf, die sorgfältig überwacht und gepflegt werden müssen. Indem wir Standards der Geradlinigkeit, Verantwortung und zuverlässigen Weiterentwicklung annehmen,Google ist bestrebt, die Macht der Informationen positiv zu nutzen und gleichzeitig zu erwartende Gefahren und Schäden abzumildern. Da Informationen unbestreitbar immer mehr eine zentrale Rolle in unserem Leben einnehmen, wird die Erkundung der potenziellen offenen Türen und Schwierigkeiten, die sie mit sich bringen, für Google und die umfassendere Technologiebranche weiterhin ein Grundbedürfnis bleiben.

Riesige Informationen, KI und das Schicksal der Innovation

Larry Page und Sergey Brin, die Visionäre hinter Google (heute alle zusammen), haben die Gegenwart der Entwicklung geprägt und einen wesentlichen Einfluss auf ihre Zukunft. Ihre zugrunde liegenden Wetten auf riesige Datenmengen und simulierte Intelligenz (ML) haben Google zu einem Schwerpunkt dieser bemerkenswerten Bereiche gemacht, und ihre konsequenten Unternehmungen erweitern weiterhin die Grenzen des Möglichen. Frühzeitige Bestätigung des Potenzials: Natürlich erkannten Page und Brin schon zu ihrer Zeit die Macht der Daten. Ihre Entwicklung des PageRank, der Berechnung, die die Besucherzahlen anpasst, stützte sich stark auf die Analyse der Backlinks der Website. Diese Betonung der Datenauswertung bildete die Grundlage für die künftigen Bemühungen von Google im Bereich riesiger Datenmengen. Sie erkannten ebenfalls die Fähigkeit der simulierten Intelligenz für Aufgaben, die über den Bedarf hinausgingen. Die Neigungen von Google in der ML-Forschung haben zu grundlegenden Veränderungen in Bereichen wie PC-Vision, typischer Sprachverarbeitung und Ideensystemen geführt. Riesige Daten und ihre Auswirkungen: Google hat sich zu einem

Vorreiter bei der Kombination und Auswertung großer Datenmengen entwickelt. Sie sammeln riesige Mengen an Daten aus verschiedenen Quellen, darunter Suchanfragen, Kunden direkt auf Google-Geräten und Android-Geräten. Diese Daten werden verwendet, um aufgezeichnete Aufzeichnungen zu überarbeiten, Werbung gezielt zu veröffentlichen und das allgemeine Kundenerlebnis bei Google Things weiter zu verbessern. Auf jeden Fall wirft die enorme Sammlung von Kundendaten in ähnlicher Weise Sicherheitsbedenken auf, mit denen sich Google ständig auseinandersetzt, da es versucht, die Verbesserung mit dem Vertrauen der Kunden in Einklang zu bringen. Computerbasierte Intelligenz und Gestaltung der Zukunft: Die Neigung von Google zur ML-Forschung hat zu wesentlichen Anwendungen in verschiedenen Bereichen geführt. Die Entwicklung selbstfahrender Fahrzeuge durch Waymo ist ein ideales Beispiel dafür. ML erwartet ebenfalls eine grundlegende Funktion in Google-Anwendungen wie Gmail für die Spam-Filterung und Google Unravel für die genaue Sprachänderung. Da ML weiterhin entwickelt wird, können wir von Google insgesamt innovativere Anwendungen in Bereichen wie klinischer Nutzen, einheitlicher Bewertung und veränderter Nachhilfe erwarten. Ausblick: Die Vision von Page und Brin für die

Zukunft beinhaltet vermutlich eine wesentlich bedeutendere Mischung aus riesigen Datenmengen und ML in unserem Leben. Wir können gewisse Fortschritte in Bereichen wie der vom Menschen geschaffenen geistigen Fähigkeiten (PC-basiertes Wissen) erwarten, die verschiedene Bestrebungen und Teile der Gesellschaft beeinflussen könnten. Ungeachtet dessen sind moralische Untersuchungen unter Einbeziehung nachgebildeter Erkenntnisse, Datensicherheit und ein möglicher Arbeitsverstoß aufgrund der Robotisierung grundlegende Probleme, die behandelt werden sollten. Die Bedeutung einer qualifizierten Neuentwicklung: Während die Verantwortung von Page und Brin für enorme Datenmengen und ML klar ist, ist die vertrauenswürdige Entwicklung und Nutzung dieser Fortschritte unerlässlich. Verbesserung mit moralischen Erwägungen, Datensicherheit,und potenzielle soziale Auswirkungen sind von grundlegender Bedeutung für die Gewährleistung einer positiven Zukunft, die von Stärkebereichen für diese geprägt wird. Das Vermächtnis von Page und Brin verbindet sich über ihre fantasievollen Errungenschaften hinaus. Sie haben den Weg für eine Zukunft geebnet, die von riesigen Datenmengen und ML bestimmt wird, und die Art und Weise, wie sie Diagramme erstellt haben, wird sich darauf auswirken, was diese Fortschritte für unsere Welt bewirken und bedeuten.

Kapitel 16: Schwierigkeiten und Enttäuschungen

Die Stärke von Google trotz aller Schwierigkeiten erforschen Der Weg von Google, sich zu einem weltweiten Innovationsmonster zu entwickeln, war von verschiedenen Schwierigkeiten und Unglücken geprägt. In diesem Abschnitt werden einige der großen Probleme und Enttäuschungen analysiert, die Google im Laufe der Zeit beobachtet hat, wie das Unternehmen auf die Probleme reagiert hat und welche Beispiele aus diesen Begegnungen gewonnen wurden. Kartellrechtliche Untersuchungen Google wurde wegen seiner Vormachtstellung in verschiedenen Geschäftsbereichen, darunter Suche, webbasierte Veröffentlichung und vielseitige Arbeitsumgebungen, mit kartellrechtlichen Untersuchungen von Controllern auf der ganzen Welt konfrontiert. Vorwürfe wegen wettbewerbswidrigen Verhaltens und Bedenken hinsichtlich der Marktmacht von Google haben an verschiedenen Orten zu Untersuchungen, Geldstrafen und gerichtlichen Auseinandersetzungen geführt. Reaktion: Google hat seine Praktiken und seine Marktposition verschwiegen und behauptet, dass seine Produkte und Dienstleistungen den Käufern zugute kommen und die Konkurrenz fördern. Die Organisation hat Änderungen vorgenommen, um administrative Probleme zu lösen, indem sie den Kunden beispielsweise mehr Entscheidungen und einfachere Listenelemente und Veröffentlichungen bietet. Datenschutz- und Sicherheitslücken Google ist auf Datenschutz- und Sicherheitslücken gestoßen, die Kundendaten aufgedeckt und das Vertrauen der Kunden zerstört haben. Vorkommnisse wie der unbefugte Zugriff auf Kundeninformationen, Informationsunterbrechungen und Verstöße gegen Sicherheitskontrollen haben Anlass zur Besorgnis über den Umgang von Google mit sensiblen Daten gegeben. Reaktion: Google hat alles Erforderliche getan, um seine Bemühungen zum Schutz und zur Sicherheit von Informationen zu verstärken, einschließlich der Verbesserung der Verschlüsselung, der Durchführung strengerer Zugriffskontrollen und der Bereitstellung detaillierterer Sicherheitseinstellungen für Kunden. Die Organisation hat außerdem ihr Interesse an Sicherheitsrahmen und repräsentativer

Vorbereitung ausgeweitet, um Informationsunterbrechungen vorzubeugen und zu lindern. Produktenttäuschungen und -schließungen Google hat im Laufe der Zeit zahlreiche Produkte und Dienstleistungen verschickt, die jedoch nicht alle erfolgreich waren. Einige Projekte haben es versäumt, mit den Kunden Fortschritte zu erzielen, während andere aufgrund wichtiger Neuausrichtungen oder mangelnder Produktivität eingestellt wurden. Zu den Modellen gehören Google+, Google Wave und Google Glass. Reaktion: Google hat sich eine Denkweise des Versuchs und Irrtums und der Entwicklung zu eigen gemacht und erkannt, dass nicht alle Aufgaben erfolgreich sein werden. Wenn es mit Produktenttäuschungen oder -schließungen konfrontiert wird, versucht Google, aus der Erfahrung zu profitieren, seine Methodik hervorzuheben und Vermögenswerte auf andere vielversprechende Laufwerke umzuverteilen. Darüber hinaus bespricht das Unternehmen unkompliziert mit Kunden Produktänderungen und -stopps. Repräsentative Beziehungen und kulturelle Schwierigkeiten Google hat mit inneren Schwierigkeiten im Zusammenhang mit den Beziehungen zwischen Arbeitnehmern, der Kultur des Arbeitsumfelds und moralischen Bedenken zu kämpfen. Probleme wie

Orientierungstrennung, unzüchtiges Verhalten,und repräsentativer Aktivismus haben interne Diskussionen und eine externe Prüfung der Arbeitsumgebungsproben und Unternehmensqualitäten von Google angeregt. Reaktion: Google hat alles Erforderliche getan, um auf die Bedenken der Arbeitnehmer einzugehen und seine Arbeitsumgebungskultur weiterzuentwickeln, einschließlich der Durchführung von Abwechslungs- und Rücksichtnahmekampagnen, der Durchführung repräsentativer Studien sowie der Verbesserung der Unkompliziertheit und der Korrespondenzkanäle. Die Organisation hat außerdem ihre Strategien zur Lösung von Problemen wie Provokation und Trennung geändert und sich auf die Schaffung eines stabilen und umfassenden Arbeitsplatzes für alle Vertreter konzentriert. Fazit: Die Flexibilität von Google trotz Provokationen und Enttäuschungen ist ein Beweis für seine Vielseitigkeit, Entwicklung und Verpflichtung zur kontinuierlichen Verbesserung. Durch das Erkennen seiner Unzulänglichkeiten, das Gewinnen aus seinen Verwirrungen und die proaktive Anstrengung, Probleme zu lösen, hat Google seine Fähigkeit unter Beweis gestellt, Probleme zu überwinden und bodenständiger als je zuvor aufzutreten. Während Google weiterhin die Feinheiten der Technologiebranche und der umfassenderen Kulturszene erforscht, wird seine Bereitschaft, Schwierigkeiten direkt zu trotzen und sein Leitprinzip beizubehalten, für seinen langfristigen Fortschritt und seine Wirkung weiterhin von grundlegender Bedeutung sein.

Sich mit Unglück auseinandersetzen und aus Fehltritten Nutzen ziehen

Der Ausflug von Larry Page und Sergey Brin mit Google (heute Letter Set) verlief nicht ohne Überraschungen. Trotz ihrer bemerkenswerten Erfolge haben sie sich auch mit Herausforderungen auseinandergesetzt, die wichtige Beispiele dafür sind, wie man Schwierigkeiten erforscht und aus Patzern Nutzen zieht. Hier sind einige Bereiche, in denen sie auf Hindernisse stießen: Sicherheitsbedenken: Googles umfangreiche Datensammlungsversuche haben Hinweise auf mögliche Beeinträchtigungen des Kundenschutzes ergeben. Sie sahen sich mit Ansprüchen und Verwaltungsprüfungen bezüglich der Verwaltung von Daten konfrontiert, was sie dazu veranlasste, Maßnahmen zur Kundendatenkontrolle anzupassen und weiterzuentwickeln. Kartellrechtliche Auseinandersetzungen: Die

Vorherrschaft von Google bei der Suche und seine Kontrolle über das vielseitige Android-Betriebssystem haben weltweit kartellrechtliche Untersuchungen ausgelöst. Vorwürfe, durch ihre Praktiken die Rivalität zu unterdrücken, führten zu hohen Geldstrafen und fortschreitenden Auseinandersetzungen vor Gericht. Bombed Adventures: Nicht alle Bemühungen von Google waren erfolgreich. Produkte wie Google+ (Online-Unterhaltung) und Google Glass (Wearable-Technologie) kamen nicht voran und wurden schließlich eingestellt. Diese Begegnungen verdeutlichen das intrinsische Risiko, das mit Entwicklung einhergeht, und die Bedeutung der Anpassung an sich ändernde Branchenfaktoren. Fortschritt und Moral anpassen: Die moralischen Auswirkungen bestimmter Innovationen wie Gesichtserkennung und simulierte Intelligenzberechnungen geben Anlass zur Sorge über erwarteten Missbrauch und Veranlagung. Google hat sich unter der Leitung von Page und Brin mit diesen Schwierigkeiten auseinandergesetzt und versucht, diese Innovationen bewusst zu fördern. Von Fehltritten profitieren: Die Bereitschaft von Page und Brin, sich an Analysen anzupassen und von Patzern zu profitieren, war für den Fortschritt von Google von entscheidender Bedeutung. Sie haben strengere Informationssicherheitskontrollen durchgeführt und sind bei der Überprüfung der Informationssammlung einfacher geworden. Google hat ebenfalls Versuche unternommen, die Kartellrechtsbedenken auszuräumen und ein aggressiveres Klima zu schaffen. Die Organisation macht weiterhin Fortschritte bei der bewussten Weiterentwicklung computergestützter Intelligenz und lindert erwartete Neigungen bei Berechnungen. Blick in die Zukunft: Die Herausforderungen im Zusammenhang mit Sicherheit, Kartellrecht und moralischer Weiterentwicklung der künstlichen Intelligenz werden wahrscheinlich weiterhin die Zukunft von Google prägen. Die Art und Weise, wie Google diese Probleme löst, wird von entscheidender Bedeutung sein, um das Vertrauen der Öffentlichkeit aufrechtzuerhalten und die bewusste Nutzung von Innovationen für positive kulturelle Auswirkungen sicherzustellen. Alles in allem: Die Geschichte von Page und Brin ist eine Geschichte von Entwicklung, Anspruch und Vielseitigkeit. Obwohl sie bemerkenswerte Fortschritte gemacht haben, zeigen uns ihre Missgeschicke, dass selbst die visionärsten Pioniere auf Schwierigkeiten stoßen. Ihre Fähigkeit, aus Patzern einen Nutzen zu ziehen und sich an veränderte Bedingungen anzupassen, ist ein Beweis für ihre Eigeninitiative und die fortschreitende Entwicklung von Google.

Kapitel 17: Der weltweite Effekt

Der Einfluss von Google auf Innovation, Wirtschaft und Gesellschaft Der Aufstieg von Google zu einer weltweiten Innovationskraft, mit der man rechnen muss, hatte weitreichende Auswirkungen auf die Welt und prägte die Art und Weise, wie Einzelpersonen Daten miteinander verbinden, weitergeben und darauf zugreifen. In diesem Abschnitt wird die weltweite Wirkung von Google in verschiedenen Bereichen untersucht, von Innovation und Entwicklung bis hin zu Wirtschaft, Kultur und Gesellschaft. Veränderter Datenzugriff Der Webindex von Google hat die Art und Weise verändert, wie Einzelpersonen Daten online finden und darauf zugreifen, den Zugang zu Informationen demokratisiert und Menschen auf der ganzen Welt ermöglicht. Mit Milliarden von kontinuierlich durchgeführten Suchanfragen ist Google zum Tor zu den Daten der Welt geworden und ermöglicht es Kunden, mühelos und kompetent Antworten zu finden, Interessen zu untersuchen und bahnbrechende Gedanken zu finden. Informationswirtschaft: Der Webindex von Google hat die Entwicklung der Informationswirtschaft vorangetrieben, indem er Kunden mit relevanten Substanzen, Organisationen und Vermögenswerten verknüpft. Von Lehrmaterialien und Prüfungsunterlagen bis hin zu Online-Geschäftsausschreibungen und Community-Organisationen – die Google-Listenelemente funktionieren mit dem Geldaustausch und dem Informationshandel auf weltweiter Ebene. Förderung von Entwicklung und Geschäft Die Umgebung aus Produkten, Phasen und Verwaltungen von Google hat Fortschritt und Geschäftsvorhaben auf der ganzen Welt vorangetrieben und Designern, neuen Unternehmen und Organisationen Werkzeuge und Ressourcen an die Hand gegeben, um kreative Vereinbarungen zu treffen und zu skalieren. Designerumgebung: Die Plattform von Google, zum Beispiel Android, Google Cloud und TensorFlow, bietet Ingenieuren Zugriff auf modernste Entwicklungen, APIs und Tools zum Erstellen und Bereitstellen von Programmieranwendungen, KI-Modellen und Cloud-Management. Startup Biological System: Googles Startup-Projekte, Gaspedale und Finanzierungsprojekte unterstützen Geschäftsleute und neue Unternehmen dabei, einfallsreiche Arrangements zu schaffen und ihre Organisationen zu skalieren. Die Sicherung von Organisationen wie YouTube und Android durch Google hat Urhebern und Geldgebern enorme Möglichkeiten eröffnet, was zu weiteren

Fortschritten und Interesse am Technologieumfeld geführt hat. Einbindung von Kunden und Netzwerken Die Elemente und Verwaltungen von Google ermöglichen es Menschen, Organisationen und Netzwerken, sich auf eine Weise zu vernetzen, sich auszutauschen und zusammenzuarbeiten, die zuvor unmöglich war. Netzwerk und Korrespondenz: Die Basis von Google, zum Beispiel Gmail, Google Meet und Google Voice, ermöglicht es Kunden, über Entfernungen hinweg zu kommunizieren und zusammenzuarbeiten, bei der Arbeit aus der Ferne, in der Schule und in der sozialen Zusammenarbeit. Zugang zu einer offenen Tür: Google-Dienste wie Google for Education, Google Computerized Carport und Google My Business bieten Menschen Zugang zu Bildungsressourcen, fortgeschrittener Berufsausbildung und Geschäftstools, um finanzielle Türen zu öffnen und Berufe weiterzuentwickeln. Bewältigung weltweiter Schwierigkeiten Google konzentriert sich darauf, seine Innovationen, Ressourcen und Fähigkeiten zur Bewältigung dringender weltweiter Schwierigkeiten zu nutzen.Von Umweltveränderungen und natürlicher Beherrschbarkeit bis hin zu allgemeinem Wohlbefinden und sozialer Ungleichheit. Umweltaktivitäten: Google hat großes Interesse an nachhaltiger Energie und

Unterstützungsinitiativen gezeigt, um seinen CO_2-Ausstoß zu verringern und den Umweltschutz voranzutreiben. Das Unternehmen hat geschworen, bis 2030 den ganzen Tag und jeden Tag ohne CO_2-Energie zu arbeiten und bis 2030 CO_2-Unparteilichkeit für sein gesamtes Inventarnetzwerk zu erreichen. Allgemeine Gesundheit: Googles Initiativen zum Beispiel, Google Health und Google.org unterstützen Bemühungen, die Medizin weiterzuentwickeln Zugang zur Gesundheitsversorgung, Infektionsvorhersage und klinische Erkundung. Während der Coronavirus-Pandemie bot Google allgemeine Gesundheitsverbände, staatliche Verwaltungen und Netzwerke grundlegende Hilfe an, um Daten zu verbreiten, die Ausbreitung der Infektion zu verfolgen und die Verbreitung von Antikörpern zu beschleunigen. Fazit: Die weltweite Wirkung von Google geht weit über seine Aufgabe als Innovationsorganisation hinaus und wirkt sich auf jeden Bereich des gegenwärtigen Lebens aus, von der Art und Weise, wie wir arbeiten und vermitteln, bis hin zu der Art und Weise, wie wir lernen und an Daten gelangen. Während Google voranschreitet und sich weiterentwickelt, wird sich auch sein Einfluss entfalten und das letztendliche Schicksal von Innovation, Wirtschaft und Gesellschaft für lange Zeit in der

Zukunft prägen. Durch den bewussten und moralischen Einsatz seiner Stärken, Innovationen und Fähigkeiten kann Google positive Veränderungen vorantreiben und eine umfassendere, unparteiischere und wirtschaftlichere Welt für alle schaffen.

Googles Wirkung auf der Weltbühne
Larry Page und Sergey Brins Google (heute Letter Set) hat sich unwiderlegbar zu einer Weltmacht entwickelt und beeinflusst die Weltbühne auf verschiedene Weise. Hier ist eine Aufschlüsselung der Auswirkungen von Google: Änderung des Datenzugriffs: Der Webindex von Google hat im Allgemeinen die Art und Weise verändert, wie Einzelpersonen auf Daten zugreifen. Sein Augenmerk auf Bedeutung und Kundenerfahrung machte es zur Anlaufstelle für Online-Anfragen und demokratisierte den Zugang zu Informationen für Milliarden von Kunden auf der ganzen Welt. Die fortgeschrittene Szene formen: Der Wohlstand von Google hat die Entwicklung im gesamten Technologiegeschäft vorangetrieben. Von E-Mail (Gmail) über vielseitige Arbeitsumgebungen (Android) bis hin zu Online-Videoplattformen (YouTube) haben die Produkte und Dienste von Google die Art und Weise geprägt, wie wir in unserem Alltag Inhalte verbreiten, konsumieren

und mit Innovationen zusammenarbeiten. Mit einer Währungsmacht ist zu rechnen: Die Vormachtstellung von Google in der Werbung hat es zu einem zentralen Bestandteil der Weltwirtschaft gemacht. Seine Werbeinstrumente und -bühnen haben die moderne Werbung verändert und Unternehmen mit erstaunlichen Mitteln ausgestattet, um Kunden auf der ganzen Welt zu erreichen. Mit zu rechnender Informationsmacht und Sicherheitsbedenken: Google sammelt riesige Mengen an Kundeninformationen, um Verwaltungen anzupassen und Werbung gezielt zu veröffentlichen. Dies hat zwar zu einem hilfreicheren Kundenerlebnis geführt, aber auch Bedenken hinsichtlich des Kundenschutzes und der Möglichkeit des Missbrauchs individueller Daten geweckt. Entwicklung und moralische Zwickmühlen: Googles Moonshot-Projekte wie selbstfahrende Fahrzeuge und computergestützte Geheimdienstforschung bergen ein enormes Potenzial, verschiedene Unternehmungen zu verändern. Wie dem auch sei, diese Fortschritte gehen mit moralischen Überlegungen über Informationssicherheit, Arbeitsentwurzelung und mögliche Veranlagungen innerhalb von Berechnungen einher. Weltweite Auswirkungen und Kartellrechtsstreitigkeiten: Die Vorherrschaft von Google bei der Suche und bei Android hat weltweit zu kartellrechtlichen Untersuchungen geführt. Controller sind besorgt über die Fähigkeit von Google, die Konkurrenz zu ersticken und Kundenentscheidungen zu beeinträchtigen. Eine Tradition des Fortschritts: Die Vision von Page und Brin hat zweifellos die Welt beeinflusst. Der Einfluss von Google prägt weiterhin die Art und Weise, wie wir auf Daten zugreifen, sie übermitteln und mit Innovationen zusammenarbeiten. Dennoch erfordern die moralischen und kulturellen Auswirkungen dieser Auswirkungen eine fortschreitende Bewertung und einen achtsamen Umgang. Was noch kommt: Die Art und Weise, wie Google Sicherheitsbedenken berücksichtigt, kartellrechtliche Fragen untersucht und die leistungsfähige Weiterentwicklung simulierter Informationen gewährleistet, wird von entscheidender Bedeutung für die Gestaltung seiner zukünftigen Wirkung auf der Weltbühne sein. Der Einfluss von Google ist unbestritten, und die weitere Entwicklung des Unternehmens in der sich ständig verändernden mechanischen Szene wird mit großer Sorgfalt im Auge behalten.

Kapitel 18: Die Entwicklung der Suche

Von der Datenwiederherstellung zu Keen Help Der Prozess von Google begann mit seinem fortschrittlichen Websuchtool, das im Allgemeinen die Art und Weise veränderte, wie Einzelpersonen im Internet auf Daten zugreifen. Dieser Abschnitt verfolgt die Entwicklung der Google-Suche, von ihren bescheidenen Anfängen bis hin zu ihrem dynamischen Status als weltweit vorherrschender Webindex und Tor zum Web. Die Einführung der Google-Suche Das Prüfungsprojekt von Larry Page und Sergey Brin am Stanford College legte den Grundstein für das, was später zur Google-Suche werden könnte. Ihre fortschrittliche PageRank-Berechnung, die das Verbindungsdesign des Webs aufschlüsselte, um die Bedeutung von Seiten zu bestimmen, veränderte die Innovation von Websuchtools und prägte den Grund für Googles Ordnungs- und Positionierungsrahmen. PageRank-Berechnung: PageRank ermöglichte es Google, wichtigere und eindeutigere Suchanfragen zu übermitteln, indem es sich auf Seiten mit erstklassigen eingehenden Verbindungen konzentrierte. Dieser Ansatz unterschied Google von seinen Konkurrenten und legte den Grundstein für seinen Wohlstand.

Entwicklungen bei der Suchinnovation Google hat seine Suchinnovation weiterentwickelt und verfeinert, indem es neue Elemente und Berechnungen hinzufügte und die Suchinformationen für Kunden verbesserte. Weit verbreitete Suche: Google veröffentlichte General Hunt im Jahr 2007 und koordinierte Ergebnisse aus verschiedenen Substanztypen, zum Beispiel Webseiten, Bildern, Aufzeichnungen, Nachrichten und Leitfäden, in einer einzelnen Webcrawler-Ergebnisseite (SERP). Diese zusammengeführte Methodik lieferte den Kunden vollständigere und aussagekräftigere indexierte Listen. Semantische Suche: Google führte semantische Abfrageinnovationen ein, um die Bedeutung von Suchfragen und Webinhalten besser zu verstehen. Durch die Analyse von Einstellungen, Elementen und Verbindungen könnte Google genauere und logisch bedeutsamere Abfrageelemente vermitteln. Vielseitigkeit und Sprachsuche: Die Verbreitung von Mobiltelefonen und der Aufstieg sprachinitiierter Partner veranlassten Google, sich auf tragbare Suchfunktionen und Sprachsuchfunktionen zu konzentrieren. Elemente wie Sprachsuche, vorausschauende Suche und individuelle Vorschläge haben die Suche für Kunden in Eile offener und hilfreicher gemacht. Personalisierung und

Kontextualisierung Google hat sich zunehmend auf die Anpassung und Kontextualisierung indizierter Listen konzentriert, um noch besser auf die Probleme und Vorlieben einzelner Kunden eingehen zu können. Benutzerdefinierte Suche: Die benutzerdefinierte Suche von Google hebt maßgeschneiderte Abfrageelemente anhand von Variablen wie Jagdverlauf, Gebiet und Kundenneigungen hervor. Diese Anpassung unterstützt Kunden bei der Suche nach Daten, die für sie relevant und bedeutsam sind. Informationsdiagramm: Das Informationsdiagramm von Google ist eine Informationsbasis, die Elemente wie Informationstafeln, enthaltene Teile und umfangreiche Ergebnisse unterstützt. Durch die Koordination von Daten in organisierte Substanzen und Zusammenhänge verbessert das Informationsdiagramm indizierte Listen mit kontextorientierten Daten und Antworten auf normale Anfragen. Hervorgehobene Teile und Zero-Snap-Suchen: Google präsentierte hervorgehobene Teile,die prägnante Antworten geben, um Fragen direkt in den Abfrageelementen durchzusehen, ohne dass eine Website aufgerufen werden muss. Die Zero-Click-Ansicht, bei der die Frage des Kunden vollständig auf der Seite mit den Abfrageelementen beantwortet wird, ist zunehmend üblich, insbesondere bei Bildungsanfragen. Schwierigkeiten und zukünftige Themen Trotz ihrer Stärke ist die Google-Suche mit Problemen wie Falschheit, algorithmischer Tendenz und Konkurrenz durch optionale Web-Indizes und Offenlegungsphasen konfrontiert. Falschheit und Vertrauen: Google konzentriert sich auf die Bekämpfung von Täuschungen und die Förderung legitimer Datenquellen in Abfrageelementen. Die Organisation führt Maßnahmen durch, zum Beispiel Realitätsprüfungen, Berechnungsaktualisierungen und Qualitätsregeln, um Unwahrheiten zu beseitigen und das Vertrauen in Listenelemente weiter zu stärken. Moralische künstliche Intelligenz und algorithmische Veranlagung: Google investiert weiterhin Ressourcen in innovative Arbeit, um die Tendenz in seinen Berechnungen zu mildern und Anstand, Geradlinigkeit und Verantwortung bei den Listenelementen zu gewährleisten. Moralische computerbasierte Intelligenzstandards leiten Googles Umgang mit algorithmischen Plänen, die Vorbereitung von Informationsentscheidungen und die Bewertung, um potenziell negative Nebenwirkungen zu begrenzen und die Inklusivität zu fördern. Zukünftige Schlagworte: Google erforscht neue Bereiche der Suchinnovation, wie z. B. erweiterte

Realität (AR), reguläre Spracherkennung und benutzerdefinierte Sucherlebnisse. Während sich die Suche von der Datenwiederherstellung zur intelligenten Hilfe entwickelt, möchte Google seinen Kunden natürlichere, individuellere und proaktivere Suchvorgänge über alle Geräte und Ebenen hinweg bieten. Fazit: Die Entwicklung der Google-Suche spiegelt Fortschritte in der Innovation sowie Veränderungen im Kundenverhalten, in Annahmen und kulturellen Notwendigkeiten wider. Von seinen Anfängen als bedeutsames Websuchtool bis hin zu seiner dynamischen Aufgabe als intelligenter Kollege hat sich die Google-Suche kontinuierlich weiterentwickelt, um den wachsenden Bedürfnissen der Kunden in einer unbestreitbar computerisierten und vernetzten Welt gerecht zu werden. Während Google die Suchinnovation immer weiter verbessert und die Grenzen ihrer Suchfunktionen erweitert, verspricht die Zukunft, dass die Suche viel individueller, logischer und konsistenter wird, sodass Kunden die benötigten Daten finden und ihre Ziele mit bemerkenswerterer Geschwindigkeit und Kompetenz als je zuvor erreichen können andere Zeit.und Qualitätsregeln, um Unwahrheiten zu bekämpfen und das Vertrauen in Listenelemente weiter zu stärken. Moralische künstliche Intelligenz und algorithmische Veranlagung:

Google investiert weiterhin Ressourcen in innovative Arbeit, um die Tendenz in seinen Berechnungen zu mildern und Anstand, Geradlinigkeit und Verantwortung bei den Listenelementen zu gewährleisten. Moralische computerbasierte Intelligenzstandards leiten Googles Umgang mit algorithmischen Plänen, die Vorbereitung von Informationsentscheidungen und die Bewertung, um potenziell negative Nebenwirkungen zu begrenzen und die Inklusivität zu fördern. Zukünftige Schlagworte: Google erforscht neue Bereiche der Suchinnovation, wie z. B. erweiterte Realität (AR), reguläre Spracherkennung und benutzerdefinierte Sucherlebnisse. Während sich die Suche von der Datenwiederherstellung zur intelligenten Hilfe entwickelt, möchte Google seinen Kunden natürlichere, individuellere und proaktivere Suchvorgänge über alle Geräte und Ebenen hinweg bieten. Fazit: Die Entwicklung der Google-Suche spiegelt Fortschritte in der Innovation sowie Veränderungen im Kundenverhalten, in Annahmen und kulturellen Notwendigkeiten wider. Von seinen Anfängen als bedeutsames Websuchtool bis hin zu seiner dynamischen Aufgabe als intelligenter Kollege hat sich die Google-Suche kontinuierlich weiterentwickelt, um den wachsenden Bedürfnissen der Kunden in einer unbestreitbar computerisierten und vernetzten Welt gerecht zu werden. Während Google die Suchinnovation immer weiter verbessert und die Grenzen ihrer Suchfunktionen erweitert, verspricht die Zukunft, dass die Suche viel individueller, logischer und konsistenter wird, sodass Kunden die benötigten Daten finden und ihre Ziele mit bemerkenswerterer Geschwindigkeit und Kompetenz als je zuvor erreichen können andere Zeit.und Qualitätsregeln, um Unwahrheiten zu bekämpfen und das Vertrauen in Listenelemente weiter zu stärken. Moralische künstliche Intelligenz und algorithmische Veranlagung: Google investiert weiterhin Ressourcen in innovative Arbeit, um die Tendenz in seinen Berechnungen zu mildern und Anstand, Geradlinigkeit und Verantwortung bei den Listenelementen zu gewährleisten. Moralische computerbasierte Intelligenzstandards leiten Googles Umgang mit algorithmischen Plänen, die Vorbereitung von Informationsentscheidungen und die Bewertung, um potenziell negative Nebenwirkungen zu begrenzen und die Inklusivität zu fördern. Zukünftige Schlagworte: Google erforscht neue Bereiche der Suchinnovation, wie z. B. erweiterte Realität (AR), reguläre Spracherkennung und benutzerdefinierte Sucherlebnisse. Während sich die Suche von der Datenwiederherstellung zur intelligenten Hilfe entwickelt, möchte Google seinen Kunden natürlichere, individuellere und proaktivere Suchvorgänge über alle Geräte und Ebenen hinweg bieten. Fazit: Die Entwicklung der Google-Suche spiegelt Fortschritte in der Innovation sowie Veränderungen im Kundenverhalten, in Annahmen und kulturellen Notwendigkeiten wider. Von seinen Anfängen als bedeutsames Websuchtool bis hin zu seiner dynamischen Aufgabe als intelligenter Kollege hat sich die Google-Suche kontinuierlich weiterentwickelt, um den wachsenden Bedürfnissen der Kunden in einer unbestreitbar computerisierten und vernetzten Welt gerecht zu werden. Während Google die Suchinnovation immer weiter verbessert und die Grenzen ihrer Suchfunktionen erweitert, verspricht die Zukunft, dass die Suche viel individueller, logischer und konsistenter wird, sodass Kunden die benötigten Daten finden und ihre Ziele mit bemerkenswerterer Geschwindigkeit und Kompetenz als je zuvor erreichen können andere Zeit.Dadurch können Kunden schneller und kompetenter als je zuvor die benötigten Daten finden und ihre Ziele erreichen.Dadurch können Kunden schneller und kompetenter als je zuvor die benötigten Daten finden und ihre Ziele erreichen.

Vom PageRank zur künstlichen Intelligenz: Der kontinuierliche Weg zu besseren Ergebnissen

Larry Page und Sergey Brins Google (derzeit: Buchstaben in der richtigen Reihenfolge) hat die Art und Weise verändert, wie wir auf Daten zugreifen und sie mit Innovation assoziieren. Ihr mit Entwicklung und Wunsch gemeisterter Ausflug zeichnete sich sowohl durch bedeutsame Erfolge als auch durch große Schwierigkeiten aus. Hier ist ein kritischerer Blick auf ihren Weg zu besseren Ergebnissen: The Introduction of a Pursuit Monster: PageRank (1996): Brins und Pages Erfindung PageRank reformierte die Suche, indem sie Backlinks aufschlüsselte, um die Bedeutung einer Website-Seite zu bestimmen. Diese Betonung der Relevanz gegenüber dem einfachen Matching von Schlagworten wurde zum Grundstein für den Erfolg von Google. Im Mittelpunkt steht das Kundenerlebnis: Von Anfang an konzentrierte sich Google auf leicht verständliche Erkenntnisse. Saubere Interaktionspunkte, schnelle Ergebnisse und stetige Weiterentwicklung wurden zu Merkmalen des Google-Webindex. Past Hunt: A Universe of Items: Gmail (2004): Die Einführung von Gmail, einem kostenlosen und leistungsstarken E-Mail-

Dienst, stellte die Stärke traditioneller Anbieter auf die Probe. Android (2008): Googles Open-Source-Betriebssystem für mobile Geräte, Android, wurde zu einem echten Vorteil, indem es Mobiltelefone offener machte und ein aktives Anwendungssystem förderte. YouTube (2006) (Beschaffung): Die Sicherung von YouTube stärkte die Präsenz von Google im Bereich webbasierter Videos und schuf eine Bühne für Content-Ersteller und -Zuschauer auf der ganzen Welt. Die Zeit enormer Informationen und KI: Informationsgesteuerter Ansatz: Google erkannte die Kraft von Informationen sofort. Kundenverhalten, Suchanfragen und riesige Datenmengen werden analysiert, um Kundenbegegnungen individuell anzupassen und Artikelbeiträge weiterzuentwickeln. KI-Unruhe: Google investiert energisch Ressourcen in die KI-Forschung (ML) und führt zu Fortschritten in Bereichen wie der normalen Sprachverarbeitung (fördert eine intelligentere Suche) und dem PC-Sehvermögen (Gesichtserkennung in Google-Bildern). Der Test von Gewalt und Verpflichtung: Sicherheitsbedenken: Googles Datensammlungstests werfen Bedenken hinsichtlich des Kundenschutzes auf. Der Ausgleich zwischen Personalisierung und Informationsversicherung bleibt eine ständige Diskussion. Kartellrechtliche Probleme: Die

Stärke von Google bei der Suche und bei Android hat weltweit Kartellprüfungen ausgelöst, bei denen man befürchtet, Wettbewerbe zu ersticken. Moralische Überlegungen: Die vom Menschen geschaffenen Intelligenzfortschritte sind zwar anregend, werfen aber auch moralische Probleme hinsichtlich der Veranlagung bei Berechnungen und der möglichen Entwurzelung von Arbeit aufgrund der Computerisierung auf. Ein Blick in die Zukunft: Das zukünftige Schicksal von Google konzentriert sich auf computergestützte Intelligenz: Vom Menschen geschaffene Intelligenz wird wahrscheinlich der Schlüssel zur Entwicklung zukünftiger Projekte sein, mit wahrscheinlichen Anwendungen in der medizinischen Versorgung, in der logischen Forschung und in der individuellen Ausbildung. Fähige Wendung der Ereignisse: Für den weiteren Fortschritt von Google ist es von entscheidender Bedeutung, sich um moralische Überlegungen zu kümmern und eine verlässliche Entwicklung simulierter Geheimdienste zu gewährleisten. Fortschritt und Vertrauen anpassen: Mit dem öffentlichen Vertrauen Schritt halten durch Geradlinigkeit, Informationsschutzmaßnahmen,und die bewusste Nutzung von Innovationen wird im Vordergrund stehen. Das Erbe von Page und Brin ist geprägt von Entwicklung und Ehrgeiz. Sie haben die Art und Weise, wie wir auf Daten zugreifen und sie mit Innovation assoziieren, grundlegend verändert. Wie dem auch sei, die Schwierigkeiten in Bezug auf Schutz, Moral und verlässliche Macht bleiben bestehen. Während Google in die Zukunft vordringt, wird seine Fähigkeit, diese Probleme zu erforschen, über seinen dauerhaften Einfluss auf die Welt entscheiden.

Kapitel 19: Vision für das, was kommt

Googles Wünsche und Ziele für die Zukunft. Mit Blick auf die Zukunft stellt sich Google eine Zukunft vor, die von Entwicklung, Innovation und dem Versprechen geprägt ist, einen positiven Ausgang für die Welt zu erzielen. In diesem Abschnitt wird Googles Zukunftsvision in verschiedenen Bereichen untersucht, vom vom Menschen geschaffenen Bewusstsein und der Unterstützbarkeit bis hin zum Netzwerk und mehr. Vom Menschen geschaffene Intelligenz und KI Google betrachtet die von Menschen geschaffene Intelligenz (computerbasierte Intelligenz) und KI (ML) als bahnbrechende Innovationen mit der Möglichkeit, komplexe

Schwierigkeiten anzugehen und zusätzliche Möglichkeiten für die Menschheit zu eröffnen. Fortschritte in der künstlichen Intelligenz: Google investiert Ressourcen in innovative Arbeit, um die Grenzen der simulierten Intelligenz voranzutreiben, wobei der Schwerpunkt auf Regionen wie normaler Sprachverarbeitung, PC-Sehvermögen und unterstützendem Lernen liegt. Durch die Ausweitung der Grenzen simulierter Intelligenz plant Google, leistungsstarke Frameworks zu schaffen, die die Welt auf noch menschenähnlichere Weise verstehen, lernen und mit ihr kommunizieren können. Moralische künstliche Intelligenz: Google konzentriert sich auf die Entwicklung simulierter Intelligenzfortschritte, die moralisch, unkompliziert und verantwortungsbewusst sind. Die Organisation setzt sich für zuverlässige computergestützte Geheimdienststandards wie Angemessenheit, Inklusivität, Sicherheit und Gesundheit ein, um den Lauf der Dinge und die Übermittlung simulierter Geheimdienstrahmen zu steuern. Verwaltbarkeit und ökologische Verantwortung Google konzentriert sich auf Tragbarkeit und ökologische Verantwortung und erkennt die dringende Notwendigkeit, sich mit Umweltveränderungen auseinanderzusetzen und die praktische Umsetzung voranzutreiben.

CO2-freie Energie: Google hat geschworen, bis zum Jahr 2030 den ganzen Tag und jeden Tag ohne CO2-Energie auszukommen und sich dabei auf umweltfreundliche Energiequellen wie Brise, Sonnenenergie und Wasserkraft zu verlassen, um seine Aufgaben voranzutreiben. Die Organisation investiert außerdem Ressourcen in die Weiterentwicklung der Energiekapazität und die Verbesserung der Netzwerke, um die Zuverlässigkeit und Flexibilität umweltfreundlicher Energiesysteme zu verbessern. Round Economy: Google versucht, die Verschwendung zu begrenzen und die Ressourceneffektivität zu steigern, indem es beispielsweise Produktlebenspläne, runde Lieferketten und Methoden zur Abfallreduzierung anstrebt. Durch die Übernahme von Round-Economy-Standards hofft Google, seinen ökologischen Einfluss zu verringern und einen praktischeren Weg für den Umgang mit Nutzung und Produktion zu entwickeln. Netzwerk und Zugriff Google stellt sich eine Zukunft vor, in der jeder Zugang zu vernünftigen Hochgeschwindigkeits-Webnetzwerken und computergestützten Geräten hat, um vollständig an der fortschrittlichen Wirtschaft teilzuhaben. Internetzugriff: Googles Laufwerke wie Google Fibre, Task Nut Case und Google Station werden voraussichtlich den Zugang zu schnellen Internetnetzwerken in unterversorgten Netzwerken, ländlichen Regionen und Agrarnationen steigern. Durch die Verbreitung kreativer Fortschritte wie Glasfasernetze, die Ausweitung des digitalen Internets und öffentlicher Wi-Fi-Bereiche versucht Google, den digitalen Raum zu verbinden und Menschen und Netzwerke mit Zugang zu Daten und Möglichkeiten zu versorgen. Computergestützte Überlegung:Google konzentriert sich auf die Förderung fortschrittlicher Integration und Kompetenz, indem es Einzelpersonen und Netzwerken Vorbereitung, Ressourcen und Unterstützung bietet, um computergestützte Fähigkeiten zu fördern und Innovationen zur sozialen und finanziellen Stärkung voranzutreiben. Drives zum Beispiel: Entwickeln Sie mit Endlessly Google Computerized Carport bietet kostenlose webbasierte Kurse, Studios und Akkreditierungen an, um Einzelpersonen beim Erwerb fortgeschrittener Fähigkeiten und bei der Weiterentwicklung ihrer Karriere zu unterstützen. Fazit Googles Vision für das, was auf uns zukommt, basiert auf seinem Hauptziel, die Daten der Welt zu ordnen und sie allgemein offen und hilfreich zu machen. Durch die Nutzung der Kraft von Innovation, Entwicklung und koordinierten Bemühungen möchte Google weltweite Schwierigkeiten angehen, Menschen und Netzwerke einbeziehen und eine tragfähigere, gerechtere und umfassendere Zukunft für alle schaffen. Während sich Google weiterentwickelt und weiterentwickelt, wird seine Vision seine Bemühungen leiten, die Grenzen des Vorstellbaren zu verschieben und einen erheblichen Einfluss auf den Planeten zu haben.

Was kommt als nächstes für Google, Buchstaben in der richtigen Reihenfolge und noch mehr

Vorherzusehen, was kommen wird, ist schwierig, aber hier ist ein kurzer Blick darauf, was als nächstes für Google (in der Reihenfolge der Buchstaben) nach dem Gründungspaar Larry Page und Sergey Brin kommen könnte: Zentralregionen: Computergestütztes Denken (simulierte Intelligenz): Künstliche Intelligenz ist wahrscheinlich Ich werde eine zentrale Region bleiben. Wir können mit Fortschritten in Bereichen wie normaler Sprachverarbeitung, PC-Sehvermögen und fortschrittlicher Mechanik rechnen, die möglicherweise zu brillanteren Verfolgungsjagden, individuellen Begegnungen bei allen Gegenständen und sogar zu Fortschritten bei selbstfahrenden Fahrzeugen (Waymo) führen werden. Die sich entwickelnde

Verfolgungsszene: Bei der Suche kann es nicht mehr nur um Text gehen. Google könnte die Integration der Sprachsuche mit Fortschritten bei der Zusammenarbeit mit künstlicher Intelligenz untersuchen oder sich sogar mit der visuellen Suche befassen, indem es leistungsstarke Bilderkennungsfunktionen nutzt. Das Schicksal der Arbeit: Da die Robotisierung durch künstliche Intelligenz auf dem Vormarsch ist, könnte Google eine Rolle bei der Umschulung der Arbeitskräfte und der Schaffung neuer Positionen übernehmen, um Türen in Bereichen zu öffnen, die durch aufkommende Innovationen geprägt sind. Probleme und Überlegungen: Achtsame computergestützte Intelligenz. Fortschritt: Während Google die Grenzen der künstlichen Intelligenz erweitert, bleiben moralische Überlegungen zu Veranlagung, Geradlinigkeit und potenziellem Missbrauch grundlegend. Sicherheitsbedenken: Die enorme Menge an Informationen, die Google sammelt, wird weiterhin Bedenken hinsichtlich des Schutzes aufwerfen. Es wird dringend notwendig sein, eine Art Harmonie zwischen Personalisierung und Informationsversicherung zu finden. Kartellrechtliche Fragen: Die Stärke von Google in verschiedenen Geschäftsbereichen könnte zu weiteren kartellrechtlichen Untersuchungen führen. Es wird von Bedeutung sein, diese Schwierigkeiten zu erkunden und ein mörderisches Klima zu schaffen. Richtlinie für große Technologieunternehmen: Der zunehmende Einfluss großer Technologieunternehmen wie Google könnte zu strengeren Richtlinien führen. Die Fähigkeit von Google, sich anzupassen und zuzustimmen, wird von grundlegender Bedeutung sein. Vorbei an Google: Die Unternehmungen von Larry Page und Sergey Brin: Während Page und Brin weniger mit Google in Verbindung gebracht werden, könnten sie ihren großzügigen Unternehmungen und individuellen Unternehmungen in Bereichen wie Umweltveränderungen, medizinischen Dienstleistungen und einem Auto, das in der Lage ist, Innovationen zu fliegen (Page's Kitty), nachjagen Raubvogel). Der Aufstieg neuer Player: Die Tech-Szene entwickelt sich kontinuierlich weiter. Es könnten neue Player entstehen, die Googles Vormachtstellung in bestimmten Regionen auf die Probe stellen. Die Fähigkeit von Google, sich zu verbessern und anzupassen, wird von entscheidender Bedeutung sein, um mit der Situation Schritt zu halten. Im Großen und Ganzen hängt die Zukunft von Google von seiner Fähigkeit ab, leistungsfähige simulierte Intelligenzfortschritte zu nutzen. Gehen Sie auf Schutzbedenken ein und bauen Sie das Vertrauen Ihrer Kunden auf. Entdecken Sie die sich entwickelnde Verwaltungsszene. Fördern Sie eine Entwicklungskultur und behalten Sie den Überblick. Während Page und Brin nicht mehr das Sagen haben, machte das Unternehmen, für das sie Google positioniert hatten, in den kommenden Jahren Fortschritte. Die Art und Weise, wie Google mit diesen Schwierigkeiten umgeht und seine Vorteile nutzt, wird seine zukünftige Wirkung auf die Welt beeinflussen.

Kapitel 20: Reflexionen und Vermächtnisse

Nachdenken über die Wirkung und Beharrlichkeit durch die Wirkung von Google Während sich der Prozess von Google entfaltet und sich seine Wirkung auf die Welt immer weiter entwickelt, regt dies zum Nachdenken über sein Erbe und die auf dem Weg dorthin vorgebrachten Beispiele an. In diesem Abschnitt werden die Eindrücke von Schlüsselfiguren bei Google untersucht und die bleibenden Traditionen analysiert, die die Organisation aufgibt. Larry Page und Sergey Brin: Standpunkte der Urheber Für Larry Page und Sergey Brin war der Prozess von Google ein Prozess entschlossener Entwicklung, mutiger Ambitionen und ständiger Verpflichtung gegenüber ihrer Vision, die Daten der Welt zu ordnen und sie allgemein offen und wertvoll zu machen. Angesichts ihrer Herkunft betonen sie, wie wichtig es ist, den eigenen Qualitäten treu zu bleiben, Enttäuschungen als Mut zum Fortschritt zu betrachten und eine Kultur des Interesses, der Vorstellungskraft und der koordinierten Anstrengung zu pflegen. Larry Page: „Die Wirkung von Google geht weit über seine Produkte und Dienstleistungen hinaus – es geht darum, Menschen zum Forschen, Lernen und

Gestalten zu motivieren. Während wir planen, vertraue ich darauf, dass Google weiterhin die Grenzen des Machbaren verschiebt und dabei bodenständig bleibt." sein Leitprinzip ist Entwicklung, Ehrlichkeit und Wirkung." Sergey Brin: „Das Erbe von Google besteht nicht nur aus den Innovationen, die wir geschaffen haben, oder den Artikeln, die wir verschickt haben – es sind die Menschen, die wir erweckt haben, die Netzwerke, die wir ermöglicht haben, und die positiven Veränderungen, die wir auf dem Planeten ausgelöst haben." Ich bin mir sicher, dass Googles Seele des Interesses, der gemeinsamen Anstrengung und des Selbstvertrauens weiter voranschreiten und Wirkung zeigen wird, während wir den Übergang zum aufstrebenden Zeitalter der Pioniere überstehen. Überlegungen von Google-Führungskräften Google-Führungskräfte betrachten die Exkursion der Organisation mit wichtigen Erfolgen, überlebten Herausforderungen und Fortschritten auf dem Weg. Sie betonen die Bedeutung von Flexibilität, Stärke und einem unermüdlichen Blick auf die Bedürfnisse der Kunden bei der Erforschung der Feinheiten des Technologiegeschäfts und der Erzielung erheblicher Effekte in großem Maßstab. Sundar Pichai, Präsident von Letter Set und Google: „Der Prozess von Google ist ein

Beweis für die Kraft der Entwicklung, der Zusammenarbeit und des beharrlichen Strebens nach Größe. Während wir über unsere bisherigen Erfolge und Pläne nachdenken, konzentrieren wir uns weiterhin auf unser Hauptziel, Produkte zu entwickeln." die am Leben des Einzelnen arbeiten und die Zukunft gestalten, um Dinge zu verbessern." Ruth Porat, CFO von Letters in Order und Google: „Das Erbe von Google ist geprägt von Vielseitigkeit, Flexibilität und unerschütterlicher Verpflichtung gegenüber unseren Qualitäten. Da wir in den kommenden Jahren mit neuen Schwierigkeiten und wertvollen offenen Türen konfrontiert werden, sollten wir uns weiter verbessern, betonen, und sich weiterentwickeln und dabei unseren zentralen Standards von Ehrlichkeit, Verantwortungsbewusstsein und Geradlinigkeit gerecht werden." Die anhaltende Wirkung von Google Während sich der Prozess von Google entfaltet, sind seine Auswirkungen auf Innovation, Wirtschaft und Gesellschaft auf der ganzen Welt spürbar.Von der Veränderung von Suche und Werbung bis hin zur Förderung künstlicher Intelligenz und Unterstützbarkeit ist die Geschichte von Google geprägt von Entwicklung, Aufruhr und positivem Wandel. Wenn die Menschen in Zukunft die Etablierung von Google ausbauen, werden sie weiterhin von seinem Interesse, seiner Vorstellungskraft und seiner Verpflichtung, etwas für den Planeten zu tun, motiviert sein. Fazit: Wenn wir über den Ausflug von Google und seinen Einfluss nachdenken, werden wir an die Kraft der Vision, den Fleiß und das beharrliche Streben nach Größe erinnert. Von den bescheidenen Ausgangspunkten in einem Carport bis hin zu seinem Status als weltweite Innovationskraft, mit der man rechnen muss: Die Geschichte von Google ist eine Geschichte von Motivation, Entwicklung und Veränderung. Während wir planen, sind wir gespannt darauf, zu erkennen, wie das Erbe von Google die Welt noch lange in der Zukunft prägt, einen bleibenden Eindruck in der Struktur hinterlässt, die das System zusammenhält, und den folgenden Zustrom von Vorreitern dazu motiviert, über praktische Grenzen hinaus zu denken intensiv und beeinflussen die Welt.

Zurückdenken und weitermachen

Larry Pages und Sergey Brins Ausflug mit Google (heute „Letters in Order") ist eine fesselnde Geschichte über Entwicklung, Verlangen und den ständig vorhandenen Bedarf, sich anzupassen. Wie wäre es, wenn wir auf ihre Errungenschaften und die Schwierigkeiten zurückkommen, die vor Google liegen: Zurückdenken: Eine Tradition der Entwicklung. Veränderte Suche: PageRank, ihre gewichtige Berechnung, veränderte Suche, wodurch der Datenzugriff relevanter und benutzerfreundlicher wird. Eine Welt voller Produkte: Von Gmail über Android bis hin zu YouTube (verfügbar) hat Google die bisherige Forschung erweitert und eine riesige Umgebung leistungsstarker Produkte geschaffen. Große Datenmengen und KI: Google wurde zum Innovator großer Datenmengen, nutzte diese zur Personalisierung und trieb Fortschritte in der computergestützten Intelligenz mit Anwendungen wie selbstfahrenden Fahrzeugen (Waymo) voran. Probleme und Überlegungen zu Sicherheitsbedenken: Datensammlungstests geben Anlass zur Sorge um die Kundensicherheit und erwarten, dass Google die Datenverarbeitung und die Kundenkontrolle ständig überprüft. Kartellrechtliche

Auseinandersetzungen: Die Stärke von Google bei der Suche und bei Android hat zu weltweiten kartellrechtlichen Untersuchungen geführt, bei denen ein Schwerpunkt auf der Förderung von Rivalität gefordert wird. Moralische Probleme computergestützter Intelligenz: Fortschritte bei der künstlichen Intelligenz gehen mit moralischen Überlegungen zu Veranlagung, Arbeitsentzug und wahrscheinlichem Missbrauch einher und erfordern eine kompetente Wendung der Ereignisse. Vorwärts drängen: Die Zukunft von Google konzentriert sich auf zuverlässige simulierte Intelligenz: Vom Menschen geschaffene Intelligenz wird im Mittelpunkt stehen, Google sollte sich jedoch auf eine wirksame Entwicklung konzentrieren und moralische Bedenken und potenzielle Veranlagungen berücksichtigen. Das Schicksal der Suche: Die Suche könnte sich in früheren Texten entwickeln, mit simulierter intelligenzgestützter Sprachsuche oder visueller Suche unter Verwendung fortschrittlicher Bilderkennung. Das sich entwickelnde Arbeitsumfeld: Google könnte eine Rolle bei der Umschulung der Arbeitskräfte spielen, da sich die Computerisierung simulierter Geheimdienste durchsetzt und neue Positionen eröffnet, die Türen in aufstrebenden Technologiebereichen öffnen. Vorbei an Google: Page, Brin und was noch kommt. Die Unternehmungen von Page und Brin: Während sie sich weniger mit Google engagieren, könnten sie mit individuellen Unternehmungen in Bereichen wie Umweltveränderungen, medizinischen Dienstleistungen und flugfähigen Autos fortfahren (Kitty Falcon von Page). Der Aufstieg neuer Player: Die Tech-Szene ist dynamisch; Es könnten neue Player entstehen, die die Stärke von Google auf die Probe stellen würden. Die Fähigkeit von Google, sich zu verbessern und anzupassen, wird von entscheidender Bedeutung sein. Alles in allem: Das Erbe von Page und Brin ist sicher. Sie haben die Art und Weise, wie wir auf Daten zugreifen und mit Innovationen kommunizieren, verändert. Wie dem auch sei, die Schwierigkeiten in Bezug auf Schutz, Moral und verlässliche Macht bleiben bestehen. Während Google in die Zukunft vordringt, wird seine Fähigkeit, diese Probleme zu erforschen, über seinen dauerhaften Einfluss auf die Welt entscheiden. Der Erfolg von Google beruht auf der Nutzung leistungsfähiger computergestützter Intelligenz, der Berücksichtigung von Sicherheitsbedenken, der Erforschung von Richtlinien und der Förderung einer Entwicklungskultur, um den Überblick zu behalten.Der Google-Account, der aus der Vision von Page und Brin entstanden ist, ist noch nicht einmal annähernd fertig. Es wird faszinierend sein zu sehen, wie sie und Google in der sich ständig verändernden mechanischen Szene weiter vorankommen.

www.ingramcontent.com/pod-product-compliance
Lightning Source LLC
Chambersburg PA
CBHW071453220526
45472CB00003B/781